나를 바꾼 다섯 개의
황금열쇠

미래를 열어 주는 위인들의 멘터링 동화
나를 바꾼 다섯 개의 황금열쇠

초판 1쇄 펴냄 2007년 11월 19일
초판 7쇄 펴냄 2016년 5월 2일

지은이 김현태
그린이 정화영
펴낸이 고영은 박미숙

펴낸곳 뜨인돌출판(주) | 출판등록 1994.10.11(제300-2014-157호)
주소 03176 서울시 종로구 경희궁1길 10-1
홈페이지 www.ddstone.com | 노빈손 www.nobinson.com
대표전화 02-337-5252 | 팩스 02-337-5868

ⓒ 2007, 김현태

ISBN 978-89-92130-50-9 73810
(CIP제어번호 : CIP2010002826)

미래를 열어 주는 위인들의 멘터링 동화

나를 바꾼 다섯 개의 황금열쇠

뜨인돌어린이

자신감을 열어 주는
황금열쇠의 주인이 되세요!

　여러분은 모든 것이 완벽한 사람을 본 적이 있나요? 아마 본 적이 없을 거예요. 누구나 부족한 면이 있고 실수도 간혹 하기 마련이지요. 중요한 건 부족함과 실수를 이겨 내고 다시 도전하는 것이랍니다. 그게 바로 자신감이지요. 누구 앞에서나 당당하고, 어느 장소에서도 주눅 들지 않는 자신감이 있다면 여러분은 무슨 일이든지 해 나갈 수 있을 거예요.

　여러분에게 나폴레옹에 대한 이야기를 들려 줄게요.
　나폴레옹은 키가 작았어요. 그가 산 정상에 올라갔을 때 키가 아주 큰 적군이 길을 가로막았지요. 적군은 나폴레옹을 내려다보며 거만한 말투로 말했어요.
　"그 작은 키로 무슨 일을 할 수 있느냐!"
　그러나 나폴레옹은 당당했어요. 그리고 자신감이 넘치는 목소리로 말했죠.

 "비록 땅에서부터 재는 키는 너보다 내가 작지만 하늘에서부터 재는 키는 너보다 내가 훨씬 더 크다!"
 비록 작은 키였지만 나폴레옹은 자신감으로 똘똘 뭉쳐 있었지요. 그 자신감이 그를 세상을 호령하는 위대한 황제로 만든 거랍니다.

 이 책에는 신기한 황금열쇠가 나옵니다. 황금열쇠는 위대한 위인들을 만나게 해 주지요. 어린이들은 황금열쇠를 가지고 위인들이 살았던 그 시대로 날아가 그 위인들과 대화도 하고, 그들로부터 인생을 살아가는 지혜도 배울 수 있어요.
 이 책을 통해 여러분 모두가 자기 안에 있는 무한한 능력과 하늘을 찌를 듯한 자신감을 발견하여 더 큰 인물, 더 큰 인생을 살기 바랍니다.
 자, 그럼 황금열쇠를 가지고 함께 멋진 여행을 떠나 볼까요? 출발!

2007. 11. 김현태

소심한 가온이 · 8

    학교 가기 싫어 · 10
    으악! 이상한 할아버지,
    쿵쿵따콩콩따똥똥따가 나타났다 · 19
    황금열쇠와 시간여행 · 28

 첫 번째 황금열쇠 : 이순신 · 34

두 번째 황금열쇠 : 에디슨 · 50

세 번째 황금열쇠 : 김정호 · 68

네 번째 황금열쇠 : 나이팅게일 · 86

다섯 번째 황금열쇠 : 안중근 · 104

숲을 이루는 웅장한 나무가 될 테야 · 123

소심한 가온이

학교 가기 싫어!

"가기 싫어!"

"가온아, 너 정말 왜 그러니? 학생이 학교를 안 가면 어떻게 해!"

"학교 가기 싫어. 친구들이 자꾸 일곱 번째 난쟁이라고 놀린단 말이야."

"그러니까 콩나물 많이 먹으라고 했잖아."

"먹어도 늘 그대로야!"

"그렇다고 학교를 안 가면 되니? 어서 가방 챙겨."

오늘 아침에도 가온이의 입이 길게 나왔습니다. 정말로 학교에 가기 싫은 모양입니다.

가온이는 적게 먹는 것도 아니고, 그렇다고 운동을 안 하는 것도 아닌데 유독 다른 아이들보다 작습니다. 그 이유는 아무도 모릅니다.

"우리 가온이, 공부 열심히 하고 오렴. 그럼 엄마가 맛있는 돈까스 해 줄게. 알았지?"

엄마는 방긋 웃으며 가온이의 볼에 입맞춤을 했습니다. 가온이도 마지못해 엄마의 볼에 입맞춤을 하고 집을 나섰습니다. 가온이의 발걸음은 참으로 무거웠습니다.

'왜 나는 작을까?'

가온이는 괜히 화가 나서 땅바닥에 놓인 돌멩이를 발로 걷어찼습니다.

떼구르르 굴러간 돌멩이는 그만 앞에 가는 아이의 뒤꿈치를 맞추고 말았습니다.

"아악!"

그 아이는 왼쪽 발을 들고 한 발로 깡충깡충 뛰었습니다.

"도대체 어떤 놈이야!"

가온이는 머리를 긁적이며 앞으로 달려갔습니다. 그런데 그 아이를 보는 순간 깜짝 놀랐습니다. 바로 반에서 가장 싸움을 잘 하는 덩치가 산 만한 수근이었기 때문입니다.

"수……수……수근아, 괘……괜찮아?"

"이 난쟁이야, 네가 보기에는 괜찮아 보이냐!"

수근이는 주먹을 불끈 쥐고 금방이라도 가온이를 때릴 기세였습니다.

"미……미안해, 내가 잘못했어. 한 번만 용서해 줘, 응?"

"오늘은 내가 참는다."

"정말 고마워."

"그 대신!"

"그 대신?"

"앞으로 내 명령에 잘 따르도록 해, 알았어?"

가온이는 입을 열지 않고, 잠시 머뭇거렸습니다.

"알았어, 몰랐어? 이 난쟁이야!"

"아……아……알았어."

가온이는 어쩔 수 없이 이렇게 대답했습니다.

"자, 내 가방부터 들어."

가온이는 수근이의 가방을 짊어졌습니다. 그리고 수근이의 뒤를 따라 걸었습니다.

그날, 교실은 마치 시장 바닥 같았습니다. 책상 위를 뛰어다니는 아이가 있는가 하면 뭐가 그렇게 좋은지 배꼽을 잡고 뒤집어지게 웃는 아이도 있었습니다. 창밖으로 종이비행기를 날리는 아이도 있었습니다. 그런데 그중 책을 읽고 있는 한 아이가 가온이의 눈에 띄었습니다. 바로 가온이의 짝꿍인 호경이었습니다.

"호경아, 안녕."

"어, 가온이 왔구나."

"너 무슨 책 읽고 있는 거야?"

"파브르 곤충기야."

"재미있니?"

"응. 다 읽으면 너도 빌려 줄까?"

"정말? 그래도 돼?"

"당연하지."

가온이는 기분이 좋았습니다. 사실 가온이는 호경이를 좋아하고 있었습니다. 호경이는 똑똑하고, 얼굴도 예쁘고, 키도 크고, 거기에다가 부반장이기도 했습니다.

"야, 일곱 번째 난쟁이! 너 이리 좀 와 봐!"

그때 가장 뒷자리에 앉은 수근이가 가온이를 불렀습니다. 그러나 가온이는 못 들은 척 딴청을 부렸습니다.

"야, 난쟁이! 너 내 말 안 들려?"

수근이의 목소리가 높아지자 가온이는 어쩔 수 없이 고개를 돌렸습니다.

"어……수근아, 나 불렀어?"

"그럼, 이 교실에 난쟁이가 너 말고 누가 있냐?"

가온이는 머리를 긁적이며 자리에서 일어났습니다.

"왜? 무슨 일이야?"

"내 어깨 좀 주물러! 비가 오려나 어깨가 좀 아프네."

"어……어깨?"

가온이는 창피하고, 자존심이 상했습니다. 그러나 괜히 대들었다가는 수근이에게 얻어맞을 게 분명했습니다. 가온이는 할 수 없이 수근이의 어깨를 주무르기 시작했습니다.

"그쪽 말고 조금 오른쪽!"

"아……알았어."

"아, 시원하다."

그 광경을 지켜보던 아이들은 키득키득 웃으며 한 마디씩 내뱉었습니다.

"일곱 번째 난쟁이와 이웃 나라 왕자님인가?"

"신하가 따로 없네."

"난쟁이야, 이따가 나도 좀 주물러 줘라."

가온이는 금방이라도 눈물이 나올 것만 같았습니다. 그때였습니다. 어디선가 날카로운 목소리가 들려왔습니다.

"야, 박수근!"

그 목소리의 주인공은 바로 부반장인 호경이었습니다. 그 순간, 교실은 쥐 죽은 듯 조용해졌습니다.

"그만해! 친구끼리 왜 그런 일을 시키니?"

"네가 무슨 상관이야! 난쟁이를 지키는 백설공주라도 되냐?"

"지금 그걸 말이라고 해?"

"그래, 말이라고 한다. 어쩔래?"

"뭐라고?"

"얘는 내 명령에 따르기로 약속했다고. 그러니까 참견하지 마."

수근이와 호경이 사이에는 팽팽한 긴장감이 감돌았습니다. 가온이는 어찌해야 좋을지 몰랐습니다. 호경이가 자신을 위해 나서 주는 게 고마웠지만 일이 커지는 것 같아서 불안했습니다.

"그……그만해! 이러다 괜히 나 때문에 싸우겠어."

가온이는 떨리는 목소리로 이렇게 말하고는 자기 자리로 돌아가려고 몸을 돌렸습니다. 그런데 수근이가 갑자기 자리에서 일어나 가온이의 손목을 잡았습니다.

"난쟁이, 어디 가? 계속 주물러."

뒤질세라 호경이도 단호한 말투로 말했습니다.

"가온아, 네 자리로 돌아가!"

가온이는 참으로 난감했습니다. 수근이의 손을 뿌리치고 자리로 가야 할지, 아니면 다시 수근이의 어깨를 주물러야 할지 쉽게 결정을 내릴 수 없었습니다.

"뭐해? 어서 주물러!"

"너! 바보니? 어서 네 자리로 돌아가."

가온이의 이마에는 땀방울이 송이송이 맺혔습니다. 차라리 이대로 시간이 멈췄으면 하는 바람뿐이었습니다.

'어떡하지? 정말 미치겠네! 그냥 여기 주저앉아 울어 버릴까?'

그때 다행히 수업 시작을 알리는 종소리가 들렸습니다. 아이들은 재미있는 만화 영화가 끝난 것처럼 아쉬워했습니다. 가온이는 수근이의 손을 살며시 풀고 자리로 돌아왔습니다. 화가 난 수근이는 주먹으로 책상을 '꽝' 하고 내리쳤습니다. 그 소리에 놀란 가온이는 어깨를 움츠렸습니다. 잠시 후, 선생님이 문을 열고 교실 안으로 들어왔습니다.

"여러분, 참 좋은 아침입니다."

그러나 가온이에게는 참으로 나쁜 아침입니다. 앞으로 학교 생활을 어떻게 해야 할지 눈앞이 캄캄했습니다. 키도 작고, 성격도 소심하고, 거기에다 친구들에게 놀림까지 당하는 자신이 너무나 싫었습니다.

으악! 이상한 할아버지, 쿵쿵따콩 콩따똥 똥따가 나타났다

"가온아, 밥 먹어."
"싫어."
"아침도 안 먹었잖아."
"먹기 싫어."
"너 일요일이라고 이렇게 게으름 피울래?"
엄마는 가온이의 엉덩이를 잡고 흔들었습니다.
"어서 일어나. 밥 먹어야지."
"몰라. 먹기 싫단 말이야."
가온이는 이불을 뒤집어 쓴 채 벽 쪽으로 휙 돌아누웠습니다.

"그럼 네 맘대로 해. 나중에 밥 달라고 하기만 해 봐."

엄마는 방문을 '쾅' 닫고 바람처럼 나갔습니다. 가온이는 계속해서 잠을 잤습니다. 여느 때 같았으면 벌써 일어났을 테지만, 오늘은 어찌된 일인지 잠을 이겨 낼 수 없었습니다.

"뻐꾹, 뻐꾹."

뻐꾸기시계가 2시를 알렸습니다. 뻐꾸기 소리에 가온이는 잠시 몸을 뒤척거렸습니다. 그러나 그 소리도 가온이의 잠을 깨울 수 없었습니다. 그렇게 또 얼마간의 시간이 흘렀습니다.

얼마나 잤을까? 가온이는 눈을 떴습니다. 그때 뱃속에서 '꼬르륵' 하는 소리가 들렸습니다.

"아, 배고프다."

가온이는 그제서야 침대에서 내려왔습니다. 그런데 갑자기 하늘에서 '우르릉 쾅쾅' 천둥소리가 났습니다.

"어, 무슨 소리지? 밖에 비가 오나?"

창밖을 내다봤지만 빗방울은 떨어지지 않았습니다. 가온이는 창문을 닫으려고 힘을 주어 창문을 밀었습니다. 그런데 창문은 꼼짝도 하지 않았습니다.

"모르겠다. 나중에 닫아야지."

가온이는 먹을 것을 찾으러 부엌으로 가기 위해 몸을 돌렸습니다. 가온이가 문 손잡이를 잡고 문을 열려는 순간, '드드드득' 창문이 마구 흔들리는 것이었습니다.

"어? 창문이 왜 저래?"

가온이는 황급히 창문 쪽으로 다가가 두 손으로 창문을 잡았습니다.

"드드드득."

창문은 더 거칠게 흔들렸습니다. 가온이의 두 손도 덩달아 같이 흔들렸습니다.

"어? 어? 왜 이러지? 내 손이 창문에 달라붙었어!"

정말 가온이의 손이 자석처럼 창문에 달라붙었습니다. 창문에서 손을 떼려고 몸을 이리저리 흔들어 보았지만, 아무 소용이 없었습니다.

"엄마, 엄마!"

가온이는 다급한 목소리로 크게 외쳤습니다. 그런데 그 목소리는 입 안에서만 맴돌 뿐 입 밖으로 나오지 않았습니다.

"왜 목소리가 안 나오지?"

금방이라도 눈물이 쏟아질 것만 같았습니다. 그때였습니다. 열린 창문 틈으로 구름 뭉치가 들어오더니 어느새 방 안에 가득 찼습니다. 가온이는 눈꺼풀을 깜박거렸습니다. 구름 때문에 앞이 하나도 보이지 않습니다.

잠시 후, 방 안 가득했던 구름이 빙빙빙 빠르게 돌았습니다. 그러더니 구름이 서서히 사람의 형체로 변하기 시작했습니다.

"누……누구세요?"

깜짝 놀란 표정으로 가온이는 침을 꿀꺽 삼켰습니다. 가온이의 눈앞에는 이상한 할아버지가 서 있었습니다. 하얀 눈이 쌓인 듯한 흰 머리, 회색빛 두루마기, 뱀처럼 가느다란 지팡이 그리고 코끝에 살짝 걸려 있는 돋보기안경…….

"네가 가온이구나."

"어? 제 이름은 어떻게 아세요?"

"내가 지었는데 모르겠니? 제대로 찾아왔구나. 반갑다, 가온아."

할아버지는 흐뭇한 미소를 지으며 손을 내밀었습니다. 그러나 가온이는 머뭇거렸습니다. 마법처럼 갑자기 나타난 할아버지와 악수를 하는 것이 왠지 좀 꺼림칙했기 때문입니다.

"괜찮아. 아무렇지도 않으니까 안심하렴."

가온이는 슬그머니 오른손을 내밀었습니다. 할아버지는 가온이의 손을 잡고, 위아래로 흔들었습니다.

"이제 우리는 친구가 된 거다. 알았지?"

가온이는 어깨를 움츠리며 조심스레 고개를 끄덕였습니다.

"가온아, 내가 누군지 궁금하지?"

가온이는 대답 대신 눈을 깜박였습니다.

"그래, 다 말해 주마. 그런데 먼 길을 와서 그런지 다리가 좀 아프구나."

가온이는 앉을만한 곳을 찾아 두리번거렸습니다.

"할아버지, 이쪽에 앉으세요."

할아버지는 침대에 걸터 앉았습니다.

"내 이름은 쿵쿵따콩콩따똥똥따란다. 죽기 전에는 이름이 김덕팔이었지. 그런데 하늘나라로 가서 이름을 바꿨단다. 내 이름 어떠니?"

"키익, 웃겨요."

"하늘나라의 이름들은 다 이렇단다. 나랑 친한 친구가 있는데 그 친구의 이름은 싸개싸개오줌싸개뿌지직이야. 나보다 더 웃긴 이름도 참 많아. 가온아, 너도 이쪽에 앉거라."

가온이가 쭈뼛거리며 옆에 앉자 할아버지는 가온이의 머리를 쓰다듬으며 흐뭇한 표정을 지었습니다.

"오늘이 내 생일이라서 하나님께서 특별히 소원을 들어주셨단다. 내 소원이 바로 손자인 가온이 너를 만나는 거였거든. 그래서 이렇게 오게 되었지. 우리 가온이, 참 많이 컸구나."

"정말이에요? 할아버지가 우리 할아버지예요?"

가온이는 어릴 때 돌아가셨다던 할아버지를 이렇게 만나게 된 것이 꿈만 같았습니다. 얼른 볼을 꼬집어 보았지만, 아픈 것을 보니 꿈은 아니었습니다.

"쿵쿵따콩콩따똥똥따 할아버지, 하늘나라는 어때요? 거기에도 사람이 살아요?"

"당연하지. 거기도 여기랑 똑같단다. 백화점도 있고, 놀이공원도 있고, 컴퓨터도 있지. 그리고 바다도 있고, 구름도 있고, 동물도 아주 많단다."

"와, 정말 신기해요. 저는 하늘나라에는 그냥 구름하고 바람만 있는 줄 알았는데."

가온이는 어느새 할아버지와 친해져 종알종알 이야기를 늘어놓았습니다.

"쿵쿵따콩콩따똥똥따 할아버지께서 제 이름을 지었어요?"

"그럼, 내가 지었지. 가온은 가운데, 중앙, 중심이라는 뜻의 순우리말이란다. 세상의 중심이 되길 바라는 마음에서 지은 거야."

"아, 그렇구나."

가온이는 고개를 끄덕였습니다.

"쿵쿵따콩콩따똥똥따 할아버지, 거기에 혹시 학교도 있어요?"

"학교? 당연히 하늘나라에도 학교가 있지."

"난 학교가 싫어요. 학교에 가기 싫어요."

"왜?"

할아버지의 물음에 가온이는 갑자기 숨이 멎는 듯 했습니다. 그리고 잠시 동안 아무 말도 할 수 없었습니다. 할아버지는 가온이를 물끄러미 보며 함께 마음 아파했습니다. 사실 할아버지는 하늘나라에서 가온이의 학교생활을 다 지켜보고 있었던 것입니다.

"저는 키가 너무 작아서 일곱 번째 난쟁이라는 별명을 가지고 있어요. 그래서 학교에만 가면……."

한참 후 입을 연 가온이의 이야기는 끝없이 이어졌습니다.

황금열쇠와 시간여행

"가온아, 숲에 가 본 적 있니?"

할아버지는 가온이의 이야기를 다 듣고 나자 이렇게 물었습니다.

"예. 지난번에 공원 옆에 있는 숲에 간 적이 있어요."

"그럼 숲은 무엇으로 이루어져 있었지?"

"그야 나무들로 이루어졌죠."

"그래, 숲은 거대한 나무들로 이루어졌지. 우리 가온이, 참으로 똑똑하구나."

할아버지의 칭찬에 가온이는 한결 기분이 좋아졌습니다.

"가온아, 잘 들으렴. 숲을 이룬 거대한 나무들도 처음부터 그렇게 키가 크고 몸집이 크지 않았단다. 처음엔 모두 손톱보다 더 작은 씨앗에 불과했단다. 너도 마찬가지야. 지금은 아주 작은 씨앗이지만 나중에 얼마나 멋진 사람이 될지 누가 알겠니? 네가 키가 작다고 친구들에게 놀림을 당한다고 해서 괜히 주눅 들거나 괴로워하지 마라. 네가 더 멋진 사람이 되기 위한 과정으로 생각하렴. 알았니?"

그러나 가온이는 현재 놀림당하는 자신의 모습이 떠올라 자꾸 주눅이 들었습니다.

'내가 멋진 나무가 될 수 있을까?'

가온이는 마음속으로 이렇게 중얼거렸습니다.

할아버지는 시무룩하게 고개를 숙이는 가온이를 바라보다가 갑자기 지팡이를 들어 허공에 대고 크게 네모를 그렸습니다. 그러자 놀랍게도 침대 앞에 문 하나가 생겼습니다.

"어?"

깜짝 놀란 가온이는 할아버지에게 바짝 붙었습니다.

"가온아, 괜찮다. 이 문은 다른 세상과 통하는 통로란다. 이 문을 열고 나가면 너는 아주 색다른 세상과 만나게 된단다."

"색다른 세상이요? 그게 뭔데요?"

"그곳에서 너는 멋지고 위대한 위인들을 만나게 될 거야. 그들을 만나게 되면 당황하거나 겁먹지 말고, 함께 생활하고 경험하면서 세상을 배우도록 해라. 헤어질 때는 너에게 편지와 황금열쇠를 줄 거야. 그것을 잃어버리지 말고 잘 간직하거라. 특히 황금열쇠는 또 다른 세상으로 가는 데 꼭 필요하니까. 알았지? 이것이 바로 할아버지가 너에게 주는 선물이란다."

가온이는 할아버지가 무슨 말을 하는지 도무지 이해할 수가 없었습니다. 위대한 위인을 만난다는 것은 뭐고, 황금열쇠는 뭔지……. 가온이는 입술을 쭉 내밀고 머리를 긁적거렸습니다.

"가온아, 애써 이해하려고 하지 않아도 된단다. 이제 곧 알게 될 거야."

할아버지는 지팡이를 짚고 침대에서 일어났습니다.

"가온아, 어서 일어나지 않고 뭐하니?"

가온이는 얼떨결에 할아버지를 따라 침대에서 일어났습니다.

"자, 준비됐니?"

"준비요?"

"그래, 지금부터 이 문을 통해 시간여행을 떠날 거야. 무사히 여행을 잘 마치고 돌아오너라. 이 할아버지는 네가 잘 하리라 믿는다. 자, 그럼 출발해라."

"자……잠깐만요. 할아버지는 같이 안 가세요?"

가온이는 황급히 손을 내저으며 몸을 뒤로 젖혔습니다.

"가온아, 이 여행은 혼자 떠나야 한단다."

"네? 저 혼자 여행을 한다고요?"

가온이는 깜짝 놀라 눈을 동그랗게 떴습니다.

"가온아, 겁이 나니?"

"사……사실은 조금 겁이 나요."

"물론 그럴 테지. 하지만 두려워할 필요 없단다. 너는 씩씩한 소년이잖니. 이 여행을 마치고 돌아오면 더더욱 멋진 사람이 되어 있을 거야. 그러니 할아버지의 말을 믿고 어서 출발하도록 해라."

가온이는 각오라도 한 듯 두 주먹을 불끈 쥐었습니다.

"좋아요. 갈게요. 그런데 할아버지 준비물 같은 건 없나요? 신발주머니나 스케치북, 크레파스 아니면 체육복 같은 것."

"그런 건 필요 없어. 마음속에 해낼 수 있다는 자신감만 있으면 된단다."

가온이는 길게 숨을 들이마신 뒤, 문 쪽으로 다가가 문을 열었습니다. 문 안은 마치 캄캄한 밤처럼 어두웠습니다. 할아버지는 가온이의 어깨를 토닥거리며 말했습니다.

"네가 여행에서 돌아오면 할아버지는 이곳에 없을 거야. 그러니 마지막으로 우리 손자 얼굴을 보고 싶구나. 가온아, 할아버지에게 얼굴 좀 보여 주렴."

가온이는 고개를 돌려 할아버지를 바라보았습니다. 할아버지의 눈망울은 이미 촉촉이 젖어 있었습니다.

"쿵쿵따콩콩따똥똥따 할아버지, 저도 많이 보고 싶을 거예요. 하늘나라에서도 건강하고 행복하게 사세요."

가온이는 할아버지의 품에 와락 안겼습니다. 할아버지의 품은 참으로 따뜻했습니다. 마치 5월의 따사로운 무지갯빛 햇살처럼.

"어서 가거라. 이러다 늦겠다."

"할아버지, 저 갈게요."

가온이는 할아버지와 작별 인사를 하고 다시 문 앞에 섰습니다. 그리고 두 눈을 감고 어둠뿐인 문 안으로 한 걸음 내딛었습니다. 이곳은 어디로 통하는 문일까? 이곳에서 내가 누구를 만날까? 황금열쇠는 무엇을 의미하는 걸까? 가온의 머릿속은 참으로 복잡했습니다. 그러나 다른 한편으로는 너무나 가슴이 설렜습니다. 여행이라는 것이 늘 설레듯 말입니다.

첫 번째 황금열쇠

이순신

"**몰래** 훔쳐보지 말고 이쪽으로 들어오너라."

두 눈이 휘둥그레진 가온이는 머리를 긁적이며 안으로 들어갔습니다. 가온이는 조심스럽게 고개를 들어 소리가 난 쪽을 쳐다보았습니다. 거기에는 짙은 눈썹과 긴 턱수염을 가지고 있는 한 남자가 있었습니다. 위엄 있고, 참으로 늠름하게 보였습니다. 덩치도 무척 컸습니다. 마치 거인과도 같았습니다. 그 사람은 갑옷을 입고 있었는데 가죽과 금속으로 만든 갑옷은 꽤나 무거워 보였습니다.

"가까이 다가와서 앉거라."

그는 굵은 목소리로 나지막이 말했습니다.

"예."

가온이는 얼떨결에 대답을 했습니다. 하지만 앉아야 할지 말아야 할지 어리둥절했습니다. 지금 있는 곳이 어디인지, 앞에 있는 저 사람이 누구인지 아무것도 모르기 때문이었습니다.

가온이는 고개를 이리저리 돌려 주위를 살펴보았습니다. 군데군데에 호롱불이 켜 있기는 했지만, 형광등이 켜 있는 집처럼 환하지는 않았습니다. 방 한가운데에는 큰 책상이 놓여져 있었고, 구석에는 무시무시한 칼과 창이 가지런히 놓여져 있었습니다.

"가온아, 괜찮다. 이쪽으로 오거라."

가온이는 순간 몸을 움찔했습니다.

'어? 어떻게 내 이름을 알지?'

가온이는 주춤주춤 그의 곁으로 다가가 엉덩이를 의자 끝에 걸쳤습니다.

"의자를 바짝 당겨서 편안하게 앉거라."

가온이는 고개를 끄덕이며 엉덩이를 의자 깊숙이 넣었습니다.

그리고 바로 앞에 앉아 있는 사람을 자세히 쳐다보았습니다. 어디선가 많이 본 듯한 얼굴이었습니다.

'어? 얼굴이 낯설지 않네. 분명 어디선가 본 것 같은데…….'

가온이는 고개를 갸우뚱거리며 머릿속의 기억을 끄집어 내려고 애썼습니다. 잠시 후, 가온이는 뭔가 생각이 났는지 손바닥을 부딪치며 두 눈을 크게 떴습니다.

'그래! 바로 이순신 장군이야! 광화문 거리에 늠름하게 서 있는 이순신 장군 동상과 꼭 닮았어!'

가온이는 가슴이 콩닥콩닥 뛰기 시작했습니다. 금세 얼굴이 붉어지고 침이 마르기 시작했습니다.

"가온아, 어디 불편하냐? 표정이 안 좋구나."

"아, 아닙니다."

가온이는 바짝 마른 입술에 혀로 침을 바르며 조심스럽게 입을 열었습니다.

"아저씨의 이름을 물어봐도 되나요?"

"그렇고말고. 내 이름은……."

그는 말을 하려다 갑자기 멈추고는 장난스러운 표정으로 말했습니다.

"내 이름이 뭔지 한번 알아맞혀 보거라."

"이……순……신."

"그래, 맞다. 내가 이순신이다."

가온이의 지금의 상황을 믿을 수 없다는 듯 고개를 흔들었습니다.

"정말이세요?"

"그동안 속고만 살았느냐? 진실은 멀리 있는 게 아니란다. 네가 믿는 것, 그게 바로 진실이지."

가온이는 고개를 끄덕였지만 궁금한 것이 너무 많았습니다.

"장군님, 제가 어떻게 여기에 온 거죠? 그리고 여기가 어디죠?"

"네가 어떻게 여기에 온 것인지 그건 나도 잘 모른단. 그러나 여기가 어디인지는 말해줄 수 있구나. 지금은 1598년 11월 18일이고, 이곳은 전쟁터 한복판이란다."

"네? 1598년이면 조선 시대잖아요."

가온이는 열 손가락으로 쥐었다 펴며 자신이 얼마나 과거로 왔는지 계산을 하기 시작했습니다. 그런데 그때였습니다. 누군가 문 밖에서 기침 소리를 냈습니다.

"아버님, 들어가도 되겠습니까?"

"그래, 들어오너라. 내 아들 회로구나."

안으로 들어온 장군은 바로 이순신의 아들, 이회였습니다. 가온이는 의자에서 벌떡 일어나 고개를 꾸벅 숙였습니다.

"장군님, 안녕하세요. 저는 김가온입니다."

그러나 이회는 가온이를 본체만체했습니다.

'왜 내 인사를 안 받는 거지? 내가 장군님 앞에서 버릇없이 인사를 해서 그런가?'

가온이는 허리까지 고개를 숙이며 다시 한 번 정중히 인사를 했지만 이회는 가온이의 인사를 받지 않았습니다.

"아버님, 내일 있을 왜군과의 전투 때문에 긴장이 되어서 잠을 이룰 수 없습니다. 내일 전투에서 우리 편이 이길 수 있겠습니까?"

이순신은 자신감이 넘치는 목소리로 말했습니다.

"모든 것은 너의 마음에 달려 있다. 네가 이기고자 하는 마음이 있다면 반드시 이길 것이고, 너의 마음이 나약해졌다면 그 전쟁은 이미 진 거나 다름이 없다. 지금 귀를 기울여 네 마음의 소리를 들어 보거라. 무슨 소리가 들리느냐?"

이회는 두 눈을 감고, 마음의 소리를 들으려 애썼습니다. 잠시 후, 이회는 나지막한 목소리로 말했습니다.

"지금 제 마음 속에는 자신감과 두려움이 서로 싸우고 있습니다. 그러나 너무나 그 둘은 너무나 팽팽해서 쉽게 결판을 내릴 수 없습니다. 어떻게 하면 좋겠습니까?"

이순신은 입가에 미소를 보이며 차분하게 말했습니다.

"마음속에는 늘 상반된 두 가지의 감정이 함께 있지. 자신감과 두려움, 희망과 절망, 행복과 불행, 용기와 비겁함……. 그러나 그 두 가지의 감정 중에 무얼 선택하느냐는 결국 자기 자신에게 달려 있다. 지금 너는 마음속에 있는 자신감과 두려움 중에 무엇을 선택하겠느냐?"

이회는 입술을 깨물며 거침없이 말했습니다.

"자신감입니다. 두려움을 버리고 자신감을 선택하겠습니다."

"그래, 장하구나. 너의 옳은 선택 덕분에 내일 전투는 분명 우리 편이 이길 것이다."

이순신은 아들의 어깨를 툭툭 치며 격려해 주었습니다. 옆에서 그 모습을 지켜보고 있던 가온이의 입가에는 어느새 미소가 번졌습니다.

"좋은 말씀 감사합니다. 아버님 덕분에 큰 힘을 얻었습니다. 내일 전투에서 반드시 이길 것입니다. 밤이 깊었으니 소자는 이만 물러가겠습니다."

"그래, 내일 전투를 위해 푹 자두거라."

이회는 뒷걸음으로 몇 걸음 물러난 뒤, 이순신에게 예의 바르게 인사를 하고 밖으로 나갔습니다. 가온이도 이회를 보고 고개를 푹 숙여 깍듯이 인사를 했습니다. 그러나 여전히 이회는 인사를 받지 않았습니다.

"가온아, 자리에 다시 앉거라."

가온이는 불퉁거리는 표정으로 자리에 앉았습니다.

"왜 그러느냐? 기분 언짢은 일이라도 있었느냐?"

"참, 너무해요. 아드님 말이에요. 제가 인사를 세 번이나 했는데 안 받으시고, 저에게 눈길 한 번도 안 주셨어요."

"허허허."

이순신은 그 말을 듣더니 호탕하게 웃었습니다.

"가온아, 잘 듣거라. 지금 너의 모습은 다른 사람에게는 보이지 않는단다."

"왜 그렇죠?"

"며칠 전 꿈속에서 어떤 노인이 나타나서 가온이 네가 내 앞에 나타날 테니 잘 보살펴 달라는 말을 남겼단다. 그리고 너의 모습은 오직 나에게만 보인다고 했지."

가온이는 고개를 끄덕이며 속으로 생각했습니다.

'그래, 할아버지가 분명해. 할아버지가 장군님의 꿈에 나타나서 부탁하고 간 거야.'

이순신은 자리에서 일어나 구석에 있던 두루마리 종이를 가져와 책상 위에 쫙 펼쳤습니다. 종이에는 바다와 거북선, 그리고 사람들이 그려져 있었습니다. 가온이는 호기심이 가득한 얼굴로 물었습니다.

"장군님, 이게 뭐죠?"

"이건 작전 지도란다. 내일 전투에 앞서 마지막으로 작전 계획을 점검하려는 것이지. 가온아, 무슨 일이든 실천하기에 앞서 계획하는 것이 중요하단다. 무턱대고 일을 하기보다는 철저하게 계획을 짜고, 미리 연습을 한다면 최대한 실수를 줄일 수 있지."

가온이는 갑자기 피곤이 몰려 왔습니다. '하아' 하품이 길게 나왔습니다.

"가온아, 이제 눈을 좀 붙이거라."

"그래도 돼요?"

"당연하지."

가온이는 바닥에 지푸라기를 깔고 잠을 청했습니다. 가온이가 잠이 든 후에도 이순신은 한 치의 흐트러짐 없이 작전 지도를 보며 내일 있을 전투의 계획을 점검했습니다. 그렇게 그 밤이 지나갔습니다.

"둥둥둥! 돌격하라!"

우렁찬 북소리와 함께 이순신이 작전 명령을 내렸습니다. 왜적의 함대를 향해 거북선이 돌진했습니다. 패기가 넘치는 이순신이 너무 멋있게 보였습니다. 가온이는 엄지손가락을 높게 쳐들며 외쳤습니다.

"장군님, 멋있어요!"

이순신은 한쪽 눈을 찡긋하며 가온이에게 답례했습니다.

"단 한 놈도 살려 보낼 순 없다! 모두 무찔러라!"

이순신은 긴 칼을 번쩍 들며 크게 외쳤습니다.

"장군님! 목숨을 걸고 싸우겠습니다!"

군사들은 사기는 하늘을 찌르는 듯했습니다. 순식간에 거북선은 수십 척의 왜적 함대를

무찔렀습니다. 왜적 함대는 힘없이 쓰러지고, 불타 물속으로 가라앉았습니다.

"으악! 사람 살려!"

왜군의 요란한 비명과 대포 소리가 뒤섞여 바다가 떠나갈 듯했습니다. 왜군들은 공격을 견디지 못하고 도망가기 시작했습니다. 군사들은 달아나는 왜군들을 바짝 뒤쫓아 갔습니다.

"왜군이 도망가요! 우리가 이기고 있어요!"

가온이는 팔짝팔짝 뛰며 기뻐했습니다.

그런데 그때였습니다. 왜군이 쏜 총알이 이순신의 왼쪽 겨드랑이를 꿰뚫었습니다.

"윽!"

"장군님!"

이순신은 무릎을 꿇고 앞으로 쓰러졌습니다. 맏아들 회와 조카 완이 놀라서 이순신을 부축했습니다.

"아버님! 괜찮으십니까?"

"나는 괜찮다. 만일 내가 죽더라도 절대로 군사들에게 내가 죽었다는 소리를 하지 마라. 내가 죽었다는 소리를 들으면 군사들의 사기가 떨어질까 봐 걱정이구나."

고통스러워하는 이순신을 보며 가온이는 안절부절못하다가 끝내 눈물을 쏟고 말았습니다.

"장군님, 일어나세요. 제발 일어나세요."

"가온아, 이리 가까이 오거라."

"너에게 줄 것이 있다. 자, 받아라."

이순신은 갑옷 속에서 편지와 황금열쇠를 꺼내 가온이에게 내밀었습니다.

"이게 뭐예요?"

"너에게 해 주고 싶은 말을 몇 자 적어 놓았다. 그리고 이 황금열쇠는 다음번 장소로 이동할 때 사용하거라."

그 말을 끝으로 이순신은 그만 숨을 거두고 말았습니다.

"장군님, 장군님!"

가온이는 눈물을 흘렸습니다. 그때였습니다. 갑자기 가온이의 몸이 공중으로 붕 떠올랐습니다.

"어, 왜 그러지?"

간신히 균형을 잡은 가온이 앞에 문 하나가 생겼습니다. 가온이는 이순신에게 받은 황금열쇠로 문을 열었습니다. 문 사이로 환한 빛이 쏟아졌습니다. 가온이는 그 문 안으로 들어가 이순신에게 받은 편지를 한 줄, 한 줄 읽기 시작했습니다.

첫 번째 가르침

마음먹기에 따라 너의 미래가 달라진다

캄캄한 밤에 홀로 산길을 걸어간 적이 있느냐? 그런 경험이 없다면 지금 그 장면을 상상해 보거라. 지금 너의 머릿속에 가장 먼저 떠오르는 것은 무엇이냐? 누구나 그러하듯 두려움일 것이다.

다시 상상해 보거라. 홀로 어두운 산길을 걸어간 지 30분 정도가 지났다고 말이다. 아직도 두려움이 널 괴롭히고 있느냐?
 네 마음에 무엇을 담아 둘지 선택하거라. 두려움을 선택하면 계속 두려움에 떨 것이고, 자신감을 선택한다면 용기 있게 앞으로 나아갈 수 있단다.

가온아, 앞으로 네 앞에 수많은 일들이 펼쳐질 것이다. 좋은 일도 있을 것이고, 때론 뜻하지 않은 나쁜 일도 찾아오겠지. 만일 네 앞에 나쁜 일이 닥친다 해도 절대로 절망하지 말고, 물러서지 말고 현명한 선택을 하거라.

절망보다는 희망을! 두려움보다는 자신감을! 눈물보다는 웃음을!
미움보다는 사랑을! 포기보다는 인내를! 과거보다는 미래를!
너의 선택에 따라 삶과 미래가 바뀌게 된다는 것을 잊지 말거라.

1545년   서울 남산 기슭의 건천동에서 태어남.
1572년 28세   무과 시험에 응시했으나 시험 도중 말에서 떨어져 실격됨.
1576년 32세   무과 시험에 합격함.
1580년 36세   전라도 발포에서 수군을 지휘하는 만호로 임명됨.
1587년 43세   여진족의 기습을 격퇴했으나 이일의 모함으로 관직을 박탈당함.
1591년 47세   류성룡의 추천으로 관직에 다시 오름. 전라 좌도 수군 절도사가 됨.
1592년 48세   철로 만든 거북선을 완성시킴. 임진왜란 때 한산대첩에서 큰 공을 세움.
1597년 53세   정유재란 때 삼도 수군 통제사로 임명되어 명량해전에서 크게 이김.
1598년 54세   노량대첩에서 적이 쏜 총알에 맞아 전사함.

가온이의 뺨엔 아직도 눈물이 마르지 않았습니다. 가슴을 송곳으로 찌르는 듯 아팠지만 그렇다고 언제까지 울고만 있을 수는 없었습니다. 새로운 세상이 기다리고 있다는 걸 가온이도 잘 알고 있기 때문입니다.

가온이는 편지의 마지막 줄까지 읽고 고개를 끄덕였습니다. 이순신의 고마운 가르침이 가슴을 울렸습니다. 가온이는 크게 숨을 들이마신 후, 호주머니에 편지와 황금열쇠를 넣었습니다. 그 순간, 갑자기 머리가 어질어질하며 현기증이 났습니다. 지구가 매우 빠른 속도로 돌아가는 것처럼 느껴졌습니다.

"어? 왜 이렇게 어지럽지?"

온몸에 힘이 빠지고, 눈도 스르르 감겼습니다. 가온이는 그만 그

자리에 쓰러지고 말았습니다.

'여기가 어디지?'

얼마 후 가온이는 눈을 떴습니다. 자신이 다른 세상에 와 있다는 것을 알 수 있었습니다. 자리에서 일어나려고 몸에 힘을 주었지만, 몸이 뜻대로 움직이지 않았습니다. 가온이는 고개를 사방으로 돌리며 주위를 살펴보았습니다. 그곳은 나무로 지은 허름한 창고 안이었습니다. 창문을 통해 햇살이 들어오고, 주위엔 지푸라기가 수북이 쌓여 있었습니다.

"부스럭, 부스럭."

그때 어디선가 작은 소리가 들렸습니다.

"어? 누구지?"

가온이는 힘을 주어 자리에서 일어났습니다. 그러고는 소리가 나는 쪽을 향해 발걸음을 내딛었습니다.

그 창고 안에 가온이만 있었던 게 아니었습니다. 거기에는 곱슬거리는 머리카락을 가진 한 소년이 있었습니다. 그 소년은 노란색 티셔츠와 멜빵으로 된 바지를 입고 있었습니다. 그런데 소년의 자세가 좀 이상했습니다. 비스듬히 누운 채로 몸을 잔뜩 움츠리고 있었던 것입니다. 마치 가슴에 무언가를 품고 있는 듯했습니다. 가온이는 고양이처럼 슬금슬금 그 소년에게로 기어갔습니다. 그리고 소년의 등 뒤에서 조심스럽게 말을 걸었습니다.

"여기가 어디지?"

"앗! 넌 누군데 여기 있는 거야?"

그 소년은 가온이를 보고 놀라 눈을 동그랗게 떴습니다.

"난 가온이라고 해."

그 소년은 가온이의 이름을 듣자 배시시 웃었습니다.

"네가 가온이구나. 만나서 반가워. 네가 날 찾아올 줄 알고 있었어."

가온이는 그 소년이 자신을 알고 있다는 사실이 기뻤습니다.

"여기는 우리 집이야. 우리 집에 온 걸 환영해."

"여기가 어딘지 좀 더 자세하게 알려 줄래? 어느 나라고, 지금이 몇 년도인지 말이야."

"여긴 미국 오하이오 주 밀란이란 마을이고, 이곳은 우리 집 창고야. 그리고 지금은 1853년이지."

가온이는 고맙다는 듯 입가에 미소를 지으며 고개를 끄덕였습니다. 그러나 아직 궁금한 게 더 남아 있었습니다.

"몇 가지 더 물어봐도 되겠니?"

"그래, 마음껏 물어봐. 호기심이 생기거나 궁금한 게 있으면 바보처럼 가슴속에 담아 두지 말고 그때 그때 물어봐야 해."

"고마워. 여기가 어딘지도 알았고, 몇 년인지도 알았는데 정작 네가 누군지 모르겠어. 달걀을 가슴에 품고 있는 걸 보니까 얼핏 생각하는 사람이 있긴 하지만……."

"얼핏 생각나는 사람이라고? 그 사람이 누군데?"

"에디슨, 토마스 에디슨. 아주 유명한 발명왕 말이야."

가온이의 말을 듣는 순간, 소년은 두 눈이 휘둥그레졌습니다. 에디슨이 바로 자기의 이름이기 때문입니다.

"너 어떻게 내 이름을 알았니? 내가 바로 에디슨이야. 토마스 에디슨."

"그래? 네가 에디슨이 맞아?"

가온이도 두 눈이 휘둥그레졌습니다.

"세상에 에디슨을 내가 만나다니!"

가온이는 가슴이 벅차올랐습니다.

"넌 나중에 커서 아주 유명한 발명왕이 될 거야."

"내가 발명왕이 된다고? 정말이야?"

"정말이라니까! 넌 이제부터 놀고먹어도 돼. 분명 너는 커서 발명왕이 될 테니까. 축음기도 만들고, 밤에도 환하게 빛을 비춰 주는 전등도 만들 거야."

에디슨은 고개를 내저으며 말했습니다.

"그렇지 않아. 내가 발명왕이 될지, 거지가 될지는 아무도 모르는 거야. 오직 알 수 있는 사람은 나 자신뿐이지. 내가 맡은 일에 최선을 다했다면 훌륭한 사람이 될 거고, 빈둥빈둥 논다면 나중에 보잘것없는 사람이 될 거야. 미래는 정해지지 않았어. 바로 지금 이 순간에 최선을 다하는 사람만이 밝은 미래를 맞이할 수 있는 거야."

"그래, 네 말이 맞아. 네가 노력했기 때문에 나중에 위대한 사람이 된 거야."

에디슨의 야무지고 당찬 말투에 가온이는 고개를 끄덕였습니다.

"그런데 지금 달걀을 가지고 뭐하는 거니?"

"어미 닭처럼 이 달걀을 품어 병아리를 만들고 있는 중이야. 지금 나는 에디슨이 아니고 어미 닭이야. 꼬끼오, 꼬끼오."

"하하하."

에디슨의 말과 행동이 재미있었는지 가온이는 소리 내어 웃었습니다.

"네가 닭이라고? 그럼 나도 닭 할래."

가온이는 쪼그려 앉아 두 팔을 벌려 퍼덕거렸습니다. 그리고 턱 끝을 세워 허공을 보며 소리쳤습니다.

"꼬끼오, 꼬끼오!"

"깔깔깔."

가온이를 물끄러미 바라보던 에디슨도 웃음보가 터져 크게 웃었습니다. 그때였습니다.

"에디슨, 에디슨! 어디에 있니?"

창고 밖에서 에디슨을 찾는 엄마의 목소리가 들렸습니다. 발자

국 소리가 점점 가까워지더니 이윽고 창고의 문이 열렸습니다.

"여기에 있었구나. 거기서 지금 뭐하고 있는 거니?"

"달걀을 품고 있어요. 어미 닭이 달걀을 품고 있으면 병아리가 깨어 나오잖아요. 그러니 제가 이렇게 하면 병아리가 깨어 나오겠죠?"

엄마는 에디슨에게 상냥하게 말했습니다.

"에디슨, 병아리를 깨어나게 하려면 닭의 품처럼 따뜻해야 한단다. 그러나 사람의 품은 닭처럼 따뜻하지 않아서 병아리가 깨어나오지 않아."

"엄마, 그럼 따뜻한 난로 옆에다 이 달걀을 두면 병아리가 될 수 있나요?"

엄마는 에디슨의 말을 듣고 빙그레 웃었습니다.

"좋은 생각이구나. 그러나 너무 따뜻해도 안 된단다. 적당한 온도가 중요하지. 그런데 그것보다 더 중요한 게 있단다. 그게 뭔지 아니?"

에디슨은 엄마를 바라보며 곰곰이 생각에 잠겼습니다.

"바로 어미 닭의 사랑과 정성이란다."

"아, 그렇구나."

에디슨은 그제야 알겠다는 듯 활짝 웃었습니다. 옆에 서 있던 가온이도 고개를 끄덕였습니다.

다음날, 가온이는 에디슨을 따라 학교에 갔습니다. 아이들의 떠드는 소리 때문에 학교 지붕이 들썩거렸습니다. 어떤 아이들은 책상 위에 올라가서 춤을 추고, 어떤 아이는 고래고래 노래를 불렀습니다.
"우리 학교랑 똑같네!"
가온이는 아이들을 바라보며 혼잣말로 중얼거렸습니다.
잠시 후, 선생님이 교실로 들어와 수업을 시작했습니다.
"이 세상에는 서로 반대되는 것이 아주 많습니다. 물과 불이 그 대표적인 것이지요."
선생님의 말이 끝나자마자 제일 앞에 앉은 에디슨이 고개를 갸우뚱거리며 손을 번쩍 들었습니다.
"에디슨, 또 뭐지?"
선생님은 눈살을 찌푸리며 퉁명스럽게 말했습니다. 평소에도 에디슨이 수업 시간에 엉뚱한 질문을 자주 했기 때문에 선생님은 에디슨의 질문이 반갑지 않았습니다.

"물과 불은 서로 반대가 아니에요. 불도 뜨겁지만 물도 끓이면 뜨거워지잖아요. 그러니까 그 둘은 반대가 아니에요."

선생님은 눈꼬리를 위로 치켜뜨고 말했습니다.

"에디슨, 자꾸 그런 엉뚱한 말을 하면 혼날 줄 알아라. 알았지?"

에디슨은 다시 또 손을 번쩍 들었습니다. 그 모습을 옆에서 지켜보고 있던 가온이의 마음도 조마조마했습니다. 이러다가 선생님에게 혼나게 될까 봐 걱정되었습니다. 가온이는 에디슨에게 소곤거렸습니다..

"에디슨, 이제 그만해. 그러다가 선생님께서 화내시겠어."

그러나 에디슨은 가온이의 말을 듣지 않았습니다.

"선생님, 다시 생각해 봐도 물과 불은 반대가 아니에요. 학교 옆으로 지나가는 증기 기관차를 보세요. 증기 기관차는 불로 물을 뜨겁게 끓여서 거기서 나오는 수증기의 힘으로 가잖아요. 그러니까 물과 불이 꼭 반대라고 할 순 없어요."

에디슨의 정확한 논리에 선생님은 당황했습니다.

"그……그래, 알았다. 그렇지만 다음부터 수업을 방해하면 학교에 못 나올 줄 알아."

에디슨은 고개를 숙이며 자리에 앉았습니다. 그러나 기분은 좋았습니다. 자신의 호기심을 해결할 수 있었기 때문이었습니다. 지켜보고 있던 가온이도 그제서야 안도의 한숨을 내쉬었습니다.

　학교 수업을 마친 후, 에디슨과 가온이는 기찻길이 보이는 언덕으로 달려갔습니다. 그러고는 풀밭에 두 팔을 벌린 채 나란히 누워 하늘을 올려다보았습니다. 하늘에는 양떼구름이 '매애' 하고 울음

소리를 내며 떼를 지어 지나갔습니다. 참으로 한가롭고 아름다운 풍경이었습니다.

"난 마음이 울적하거나 답답할 때 늘 이곳에 와. 여기 누워 구름을 보면서 기차를 기다리면 금세 기분이 좋아지거든."

"그렇구나."

"가온아, 너만의 비밀 장소가 있니?"

"비밀 장소? 그게 뭐야?"

"남들이 모르는 너만의 공간을 말하는 거야. 가끔 힘든 일이나 답답한 일이 생기면 찾아와서 마음을 풀 수 있는 곳 말이야."

가온이는 입술을 내밀며 곰곰이 생각에 잠겼습니다. 그러나 딱히 떠오르지 않았습니다.

"음……."

"집에 돌아가게 되면 꼭 너만의 비밀 장소를 만들도록 해. 가끔 혼자만의 시간이 필요하거든. 그곳에서 깊이 생각하고 과거의 잘못도 반성하면서 너의 꿈을 차곡차곡 쌓아가는 거야. 남들이 깔보고 비웃어도 절대로 흔들리지 않을 정도로 아주 튼튼하게 말이야. 알았지?"

가온이는 에디슨의 말을 이해할 수 있었습니다.

"알았어. 나도 집에 돌아가면 꼭 나만의 공간을 만들게. 그리고 네 말대로 거기서 내 꿈을 차곡차곡 쌓아 올릴 거야."

어느새 하늘은 양떼구름이 사라지고, 누군가가 파란색 물감을 뿌려 놓은 듯 새파랗게 변했습니다. 그때 저 멀리서 기차의 기적 소리가 들려왔습니다.

"뿌우웅! 칙칙폭폭!"

둘은 자리에서 일어나 누가 먼저라 할 것 없이 점점 가까워지는 기차를 향해 손을 흔들었습니다. 에디슨이 크게 소리쳤습니다.

"안녕하세요, 기차 아저씨!"

가온이도 따라서 크게 소리쳤습니다.

"안녕하세요, 기차 아저씨! 저는 가온이라고 해요. 만나서 반가워요!"

"뿌우웅! 칙칙폭폭!"

기차는 바로 앞까지 다가왔습니다. 기관사는 가온이와 에디슨의 인사를 들었는지 반갑게 손을 흔들어 주었습니다. 순식간에 기차는 꼬리를 보이며 멀어져 갔습니다.

"엄마가 찾기 전에 집에 가 봐야겠어."

에디슨이 자리에서 일어났습니다. 가온이는 이제 헤어져야 할 시간임을 깨달았습니다. 가온이는 에디슨을 꼭 껴안았습니다.
"너를 만나서 참 반가웠어."
"나도 그래. 참, 너에게 줄 것이 있어."
에디슨은 호주머니에서 편지와 황금열쇠를 꺼냈습니다.
"자, 받아. 어젯밤에 쓴 편지와 황금열쇠야."
"고마워."

"그럼, 이제 갈게. 가온아, 조심해서 가."

에디슨은 언덕 밑으로 내려갔습니다. 언덕 위에서 가온이는 멀어져 가는 에디슨의 뒷모습을 바라보며 아쉬워했습니다. 그 순간, 갑자기 가온이의 몸이 공중으로 붕 떠올랐습니다.

"어?"

잠시 후, 가온이 앞에 문 하나가 생겼습니다. 가온이는 에디슨에게 받은 황금열쇠로 잠겨 있는 문을 열었습니다. 이번에도 문 사이로 눈부신 빛이 쏟아졌습니다. 가온이는 문 안으로 씩씩하게 걸어 들어갔습니다. 그러고는 삐뚤삐뚤한 글씨가 적힌 에디슨의 편지를 읽기 시작했습니다.

두 번째 가르침
끊임없이 호기심을 가지고 창조적으로 생각하라

너는 하루에 몇 번 정도 '왜?'라는 생각을 하니?

이 세상 모든 사물이나 현상에 대해 끊임없이 호기심을 가지고 질문을 던져 보렴. 호기심은 너의 미래까지도 바꿀 수 있는 강력한 힘을 가지고 있단다. 호기심은 깊은 생각을 낳고, 깊은 생각은 창조적인 생각을 낳지. 다소 엉뚱하지만 독특한 생각, 즉 창조적인 생각은 세상을 발전시키는 원동력이 되기도 해. 인간이 하늘을 날거나 달나라에 가는 놀라운 일들을 가능하게 만든 건 바로 호기심과 창조적인 생각이 있었기 때문이야.

이미 다른 사람들이 생각한 것, 만든 것보다는 다른 사람들이 생각하지 못한 것을 발견하고 발명하는 데 많은 관심을 가져 봐. 그리고 창조적으로 생각하려고 노력해 봐.

창조적인 생각을 하려면 어떻게 해야 하냐고? 내가 너에게 세 가지 방법을 알려 줄게. 이대로 실천한다면 분명 너도 세상을 깜짝 놀라게 할 발명품을 만들 수 있을 거야.

첫째, 웃음을 잃지 않는다. 심각한 사람에게서 창조적인 생각은 나오지 않는다.

둘째, 서로 다른 것을 자꾸 합쳐 본다. 지우개와 연필을 합쳐 지우개 달린 연필이 만들어졌듯이 다른 물건이나 생각을 서로 합치다 보면 상상력과 응용력이 풍부해져 새로운 생각을 만들 수 있다.

셋째, 하지 않은 일에 도전을 한다. 학교 갈 때 매일 같은 길로만 가지 말고, 새로운 길로 한번 가 본다. 창조적인 사람이 되기 위해서는 늘 새로운 것에 대한 관심과 도전이 필요하다.

에디슨의 연표

1847년	미국 오하이오 주 밀란 마을에서 태어남.
1855년 8세	학교에서 석 달 만에 쫓겨나고, 어머니에게 글을 배움.
1859년 12세	기차에서 신문을 팜. 전신 놀이에 취미를 붙임.
1865년 18세	신시내티 전신국에서 전신 기사로 일함.
1869년 22세	금값 변동을 아는 만능 시세 표시기 발명.
1876년 29세	뉴저지 주 멘로 파크에 연구소를 세움.
1877년 30세	축음기 발명.
1882년 35세	전등, 대형 전기 기관차 발명. 에디슨 전등 주식회사 세움.
1912년 65세	영화 촬영기 발명.
1931년 84세	세상을 떠남.

에디슨의 편지를 읽는 내내, 가온이는 가슴이 벅차올랐습니다.

"에디슨, 고마워. 넌 반드시 위대한 발명왕이 될 거야."

에디슨의 모습이 가온이의 눈에 선했습니다. 그렇다고 언제까지 에디슨만 생각할 순 없었습니다. 또 다른 세상에 왔기 때문입니다.

가온이는 편지를 접고 또 접어 황금열쇠와 함께 호주머니에 넣었습니다. 그리고는 마음을 가다듬고, 고개를 들어 주위를 이리저리 살펴보았습니다.

깊은 산속이 분명했습니다. 사람이 보이지 않는 대신 소나무, 가시나무, 백향나무, 버즘나무, 이팝나무, 단풍나무, 오동나무, 살구나무, 향나무, 벽오동나무, 무궁화, 등나무, 목련나무, 싸리나무 등

온통 나무 천지였습니다.

"짹짹짹짹."

"꺄르꺄르."

"꾸꾸꾸꾸."

이따금씩 들려오는 맑고 투명한 새들의 울음소리가 귀를 즐겁게 해 주었습니다. 가온이는 넓은 바위 위에 걸터앉아 생각에 빠졌습니다.

'도대체 여기는 어딜까? 분명 산은 산인데……. 우리나라 산일까? 아니면 외국 산? 혹시 눈으로 덮인 에베레스트 산? 눈이 없는 걸로 봐서는 에베레스트 산은 아니야. 그럼 지리산일까? 아니면 제주도 한라산?'

생각은 기차처럼 길게 꼬리를 물고 이어졌습니다.

'뭐 좋은 생각이 없을까?'

좋은 생각이 떠올랐는지 가온이는 벌떡 자리에서 일어나 두 손을 펴서 입가에 갖다 댔습니다. 그리고 숨을 잔뜩 들이마신 후, 크게 소리쳤습니다.

"야—호! 야—호! 여기 아무도 없어요?"

그러나 들리는 소리라고는 메아리뿐이었습니다. 가온이는 메아리를 들으며 자리에 주저앉고 말았습니다.

'이 산에 아무도 없는 걸까?'

점점 불안해졌습니다. 이순신이나 에디슨을 만날 때에는 바로 눈앞에 그들이 있었는데 이번에 만나야 할 인물은 어디에 있는지 알 수 없었습니다. 그렇다고 깊은 산속에 이대로 있을 수만은 없습니다. 가온이는 자리에서 일어나 다른 곳으로 발걸음을 옮겼습니다. 그런데 그만 발을 헛디뎌 균형을 잃고 말았습니다.

"어어······."

가온이는 산 아래로 떼굴떼굴 굴렀습니다. 다행히 바닥에 낙엽이 수북이 쌓여 큰 충격은 없었지만 얼굴, 손과 발 등이 나뭇가지와 가시로 긁혔습니다.

"으윽, 아야."

간신히 몸을 일으켜 나무에 기대어 앉았습니다. 갑자기 가온이는 쓸쓸함과 두려움이 몰려왔습니다. 고개를 뒤로 젖히고 하늘을 쳐다보았습니다. 눈에서 눈물이 솟구쳤습니다. 가온이는 일그러진 얼굴로 혼자 중얼거렸습니다.

"난 지금 어디에 있는 거야? 여기는 아무도 없어서 무서워. 여기저기 많이 아프단 말이야. 할아버지, 절 도와주세요. 혼자 있는 게 싫어요."

가온이는 몸에서 점점 기운이 빠져나가는 걸 느꼈습니다. 자꾸만 잠이 몰려왔습니다. 감긴 눈을 뜨려고 애써 보았지만, 소용이 없었습니다. 눈꺼풀이 이내 세상을 덮고 말았습니다. 가온이는 나무에 기댄 채 그대로 깊은 잠이 빠지고 말았습니다.

"꼬마야, 일어나 보거라. 괜찮냐?"

누군가가 자신의 어깨를 흔들고 있다는 것을 느낀 가온이는 가느다랗게 눈을 떴습니다. 그 순간, 햇빛 한 무더기가 눈 안으로 들어왔습니다. 무척 눈이 부셨습니다. 가온이는 꽤 오랫동안 잠을 잔 모양입니다.

"이제 정신이 드는 모양이구나. 몸은 좀 어떠냐?"

가온이는 얼굴을 찌푸리며 눈을 크게 떴습니다. 그런데 눈앞에 누군가가 서 있었습니다. 상투 머리를 한 채 두루마기를 입고, 등 뒤에는 삿갓과 괴나리봇짐을 매고 있었습니다. 그 사람의 얼굴은 오랫동안 씻지 못했는지 지저분하고 턱수염도 길게 나 있었습니다.

"아……아저씨는 누……누구세요? 그리고 지금이 몇 년도이죠?"

"많이 다치지 않은 것 같아. 다행이구나. 내가 누군지 궁금하냐?"
"예."
가온이는 작은 소리로 대답하며 고개를 끄덕였습니다.
"내 이름은 김정호란다."

그 이름을 듣는 순간, 가온이는 예전에 김정호에 대한 위인전을 읽었던 기억이 어렴풋이 떠올랐습니다.

'그래, 맞다! 우리나라 지도를 그린 위대한 인물.'

김정호는 이어 말했습니다.

"난 황해도 신천의 산골 마을에서 태어났지. 지금은 1850년이란다. 조선 시대지. 나는 우리나라의 정확한 지도를 그리기 위해 전국 방방곡곡을 돌아다니는 중이란다."

"그나저나 학교 앞 문방구에 가면 지도를 쉽게 구할 수 있는데 왜 지도를 그리려고 힘들게 돌아다니세요?"

"학교 앞 문방구? 그게 뭐냐?"

가온이는 순간, 자신이 시간여행을 온 걸 깜박 잊었던 것입니다.

"아……아니에요."

사실 조선 시대에도 지도가 있기는 했지만, 그다지 정확하지가 않았습니다. 그래서 김정호는 벌써 30년째 정확한 지도를 만들기 위해 산과 강 그리고 바다를 직접 찾아다니고 있는 중이었습니다.

"네 이름이 뭐였더라?"

"전 김가온이에요. 할아버지께서 지어 주셨어요. 가온은 가운데, 중앙이란 뜻을 가진 순우리말이에요. 세상의 중심이 되라고 지으신 거래요."

"그래, 맞다. 가온이. 며칠 전에 꿈에서 네 이름을 들었는데 그만 잊고 말았구나."

가온이는 자리에서 일어나 길게 기지개를 폈습니다. 가슴을 부풀리며 맘껏 공기를 들이마셨습니다.

"그런데 이 산 이름이 뭐예요?"

"이 산은 백두산이란다."

"배……배……백두산요?"

백두산이라는 말을 듣는 순간, 가온이는 마음이 벅차올랐습니다. 지금은 휴전선으로 가로막혀 갈 수 없는 그 백두산을 두 발로 밟고 있다는 것이 믿기지 않았습니다.

"여기가 정말 백두산이란 말이죠?"

가온이는 다시 한 번 확인을 했습니다.

"그렇단다. 지금 이 백두산을 열일곱 번째 오르는 중이지."

"열일곱 번째요? 그렇게나 많이요? 힘들지 않으세요?"

김정호는 결의에 찬 얼굴로 자신 있게 말했습니다.

"왜 힘들지 않겠니? 하지만 정확한 지도를 만들기 위해서라면 백 번이라도 와야지."

이윽고 김정호는 자리에서 일어나 발걸음을 성큼 내딛었습니다.

"가온아, 어서 서둘러라. 밤이 깊어지기 전에 조금이라도 더 보고 그려야 해. 자, 내가 앞장설 테니까 뒤따라오너라."

"예. 알겠어요."

가온이는 김정호의 뒤를 꽤 오랫동안 따라 걸었습니다. 발바닥이 불이 나는 것처럼 뜨겁고 아파왔지만, 꾹 참았습니다. 쉬지도 않고 앞만 보고 그렇게 걷다 보니 어느새 한나절이 훌쩍 지나갔습니다.

"가온아, 조금만 힘내라. 이 산등성이만 넘고 쉬었다 갈 테니."

가온이는 대답할 기운도 없어 그저 땅만 보고 걸었습니다.

"가온아, 너는 커서 뭐가 되고 싶냐?"

가쁜 숨을 몰아쉬며 가온이는 더듬더듬 말했습니다.

"저, 전 과학자가 되고 싶어요."

"좋은 꿈을 가지고 있구나. 살다 보면 네 꿈이 간혹 절망의 늪에 빠질 수도 있지. 하지만 꿈을 계속 간직하고 있으면 언젠가는 이루어진단다."

김정호는 괴나리봇짐에서 둘둘 말린 종이를 꺼냈습니다. 그리고 종이를 쫙 펴서 바위 위에 올려놓았습니다.

"이제 백두산만 그리면 된단다."

"이 지도를 직접 그리신 거예요?"

"물론이지. 이 지도를 완성하기 위해 무려 30년이란 세월을 걸어

다녔지. 단지 땅의 모양만 그린 게 아니라 산이 어디서 시작되고 끝나는지, 강이 어디로 흐르는지, 각 지방의 풍속이나 특산물이 어떤 것이 있는지도 상세히 조사했단다."

"정말 대단하세요."

가온이는 김정호의 집념과 노력에 감탄을 했습니다. 어느새 날이 저물어 산속에 어둠이 짙게 내려왔습니다.

"더 어두워지기 전에 잠잘 곳을 찾도록 하자."

"예."

둘은 다시 발길을 내디뎠습니다. 한참을 걸어가니 앞에 동굴이 보였습니다.

"가온아, 오늘은 저기서 자야겠구나."

"저……저……저기서요?"

"내가 먼저 들어갈 테니 내 허리를 잡고 따라오거라."

가온이는 얼굴을 잔뜩 찌푸렸습니다. 동굴 안은 아무것도 보이지 않을 정도로 깜깜했습니다.

"어서 들어오지 않고 뭐하느냐?"

가온이는 어쩔 수 없이 동굴 안으로 발걸음을 옮겼습니다. 그런데 그때였습니다. '퍼드득' 요란한 소리를 내며 검은 물체가 동굴

입구를 향해 날아왔습니다.

"으악!"

가온이는 비명을 지르며 벌러덩 뒤로 넘어졌습니다. 바로 박쥐였습니다. 김정호가 가온이의 허리춤을 잡고 일으켜 세웠습니다.

"가온아, 괜찮냐?"

가온이는 잔뜩 겁이 나 온몸을 덜덜덜 떨었습니다.

"이제 박쥐 떼들이 다 나갔으니까 이 동굴은 우리 방이다. 어서 들어가자꾸나."

동굴 안은 어두웠지만 꽤 넓었습니다. 김정호는 누울 만한 적당한 곳을 찾아 엉금엉금 기어갔습니다.

"여기가 좋겠군. 오늘 하루 종일 걷느라고 수고가 많았구나. 너도 여기 좀 눕도록 해라."

가온이도 김정호 옆에 나란히 누웠습니다. 몸이 천 근, 만 근 무거웠습니다. 어느새 동굴 밖도 동굴 안처럼 어두워졌습니다. 온 세상이 어마어마한 검은 천으로 뒤덮인 것만 같았습니다.

"우오오! 우오오!"

어디선가 오싹 소름이 돋을 정도로 무서운 소리가 들렸습니다. 가온이는 몸을 움츠리며 김정호에게 아주 작은 목소리로 물었습니다.

"아저씨, 저 소리는 뭐예요?"

"늑대 울음소리란다."

"늑대요? 혹시……사……사람도 잡아먹나요?"

"그렇지. 까닥 잘못하면 늑대의 밥이 될 수도 있단다."

김정호의 말을 듣고 가온이는 침을 꿀꺽꿀꺽 삼켰습니다. 늑대의 울음소리가 점점 가까워졌습니다.

"아저씨, 늑대가 우리가 있는 곳을 알았나 봐요. 이제 어떡하죠?"

"무서워하지 말아라. 별 일 없을 거다."

"자꾸 몸이 떨려요."

"마음을 강하게 하거라. 덜덜덜 두려움에 떨면 오히려 늑대에게 잡아먹히고 말아. 늑대보다 더 강하다는 걸 보여 줘야 해. 그래야 늑대가 쉽게 공격을 못한단다."

"그런데 아저씨는 무섭지 않으세요?"

"무섭지 않고말고. 무섭다고 생각하면 무서운 것이고, 행복하다고 생각하면 행복해지는 거란다."

가온이는 김정호의 말을 듣고 행복한 일을 생각하며 마음속의 두려움을 서서히 지워 갔습니다.

선생님에게 칭찬 받았던 일, 짝꿍이랑 과자를 나눠 먹었던 일, 소풍 가기 전날에 설레던 일 등 행복한 생각들이 줄줄 이어졌고, 가온이의 마음속에 있던 두려움은 지우개로 지운 듯 사라져 버렸습니다. 우연의 일치인지, 늑대 울음소리가 점점 멀어져 갔습니다.

"아저씨, 늑대가 가 버렸어요."

가온이는 신나서 말했습니다.

"그렇구나. 너의 강한 마음이 늑대를 쫓아냈구나. 잘했다, 가온아. 살다 보면 간혹 두려움과 무서움이 널 귀찮게 할 때가 있다. 그럴 때마다 마음의 창문을 열어 놓도록 해라. 그래야 그것들이 머물지 않고 통과해 멀리 사라질 테니까 말이다. 알았느냐?"

"예."

"가온아, 이제 그만 헤어져야겠구나. 괜히 동굴에서 잠을 자다가 감기라도 걸리면 큰일이지."

김정호는 부스럭거리더니 괴나리봇짐에서 무언가를 꺼냈습니다. 그건 바로 편지와 황금열쇠였습니다.

"자, 받아라."

어둠 속에서 가온이는 편지와 황금열쇠를 받았습니다.

"가온아, 지도를 그리면서 틈틈이 너에게 줄 편지를 썼단다. 너에게 쓰는 편지이지만 어쩌면 이 편지는 내 자신에게 쓰는 건지도 모르지. 아직까지 난 뭐하나 이룬 것이 없다. 그러나 이 편지를 쓰면서 나의 각오와 신념은 더욱 굳건해졌지. 난 기필코 정확한 지도를 완성해 내고 말거란다."

"분명 아저씨는 아주 훌륭한 지도를 만드실 거예요. 아저씨, 안녕히 계세요."

"그래, 어서 가렴. 난 이제 눈을 좀 붙여야겠다. 그래야 내일 또 산 여기저기를 돌아다니지."

김정호가 돌아눕자 가온이의 몸이 동굴을 뚫고 공중으로 붕 떠올랐습니다. 가온이는 마치 수영을 하듯 허공에서 허우적거렸습니다. 그때 가온이 앞에 문 하나가 생겼습니다. 가온이는 김정호에게 받은 황금열쇠로 문을 열었습니다. 문 사이로 강렬한 빛이 일순간에 쏟아졌습니다. 가온이는 문 안으로 걸어 들어가서 김정호의 편지를 읽기 시작했습니다.

세 번째 가르침

꿈을 가지고 끝까지 노력하라

너의 꿈은 무엇이냐? 그리고 앞으로 네가 정말 하고 싶은 일은 무엇이냐?

유행이나 달콤한 말에 휩쓸려 꿈을 정하지 말거라. 남들이 하니까 덩달아 따라서 하는 것은 진정한 네 모습이 아니다. 친구가 태권도를 배운다고 해서 태권도를 배우고, 친구가 피아노를 배운다고 해서 피아노를 배운다면 그건 흉내를 내는 꼭두각시에 불과하단다. 분명 너에겐 너만의 길이 있기 마련이란다.

꿈에 대해 천천히, 깊이 생각하거라. 너무 성급할 필요는 없단다. 신중히 생각하고, 부모님이나 선생님과 상의해서 그 꿈을 키워가길 바란다.

만일 꿈이 정해졌다면 지금부터는 앞만 보고 달려가거라. 옆도 보지 말고, 뒤도 보지 말고, 오직 앞만 보고 가거라. 때론 힘들고 지칠 때도 있겠지만, 절대로 좌절하거나 뒤돌아보지 말거라. 끝이 보이지 않을 것만 같았던 그 길도 언젠가는 끝이 보인단다. 그때 꿈을 이룬

네 모습을 발견하게 될 거야.

위대한 사람이나 성공한 사람들에게는 공통점이 있단다. 그건 바로 자신의 꿈을 이루기 위해 멈추지 않고 끝까지 달려간다는 것이다.

거북이와 토끼와의 경주에서 거북이가 이길 수 있었던 건 쉬지 않고 꾸준히 목표를 향해 전진했기 때문이지. 너도 거북이처럼 묵묵히 자신의 일에 최선을 다하고 목표를 향해 한 걸음 한 걸음 전진하거라. 만일 그렇게 한다면 분명히 넌 세상의 중심에 우뚝 서게 될 거란다.

1800년경   황해도 봉산에서 가난한 농부의 아들로 태어남.
1834년 35세 30년간의 전국 방방곡곡을 돌아다니며 그린 '청구도'를 완성.
1857년 58세 지도에 색깔을 칠한 '동여도' 완성.
1861년 62세 '청구도'를 보완해서 더 정교한 '대동여지도'를 만듦.

네 번째 황금열쇠
나이팅게일

김정호의 편지를 읽으면서 느꼈던 감동이 다 가시기도 전에 가온이는 심한 울렁거림을 느꼈습니다. 당장이라도 멀미가 날 것만 같았습니다.

손바닥으로 가슴을 '쿵쿵쿵' 치며 속을 진정시키려 했지만, 소용이 없었습니다. 오히려 속은 더욱 울렁거렸고, 머리까지 어지러웠습니다. 마치 놀이동산에서 바이킹을 타는 것 마냥.

가온이는 가만히 주위를 살펴보았습니다. 달빛에 출렁이는 물이 보였습니다. 이곳은 바로 바다였던 것입니다. 거친 파도에 배가 흔들리고 있었습니다.

"내가 왜 배를 타고 있지?"

가온이는 나지막이 중얼거렸습니다.

그때 누군가가 다가와 등을 두드려 주며 가온이에게 다정하게 말을 건넸습니다.

"이제 좀 괜찮니?"

가온이는 깜짝 놀라 고개를 획 돌려 소리가 나는 쪽을 쳐다보았습니다. 가온이의 눈에 아름다운 여인이 들어왔습니다. 그녀는 하얀 천으로 감싼 단발머리에 단정하게 보이는 감청색의 원피스를 입고 있었습니다. 갸름하게 생긴 얼굴은 갓 서른이 넘어 보였습니다.

"누……누구세요?"

가온이는 눈을 깜박거리며 조심스럽게 물었습니다.

"나는 나이팅게일 간호원장이야."

"나이팅게일이라고요? 그럼 백의의 천사라고 부르는 바로 그 분이세요?"

"백의의 천사라고?"

"사람들이 원장님을 백의의 천사라고 부르거든요. 천사처럼 훌륭하신 분이라고요."

나이팅게일은 가온이의 칭찬에 살짝 미소를 지었습니다.

"지금 우리는 터키 이스탄불의 스쿠타리로 가는 중이야."

"왜 그곳으로 가는 거죠?"

"전쟁 중에 부상을 당한 환자들을 치료하러 가는 거지."

"전쟁이요?"

전쟁이라는 소리에 가온이는 순간 몸이 얼어붙었습니다. 전쟁터에서 죽은 이순신이 떠올라 두려움이 몰려왔습니다.

"원장님, 전쟁터에 가면 위험하잖아요. 까딱 잘못하다가 총에 맞을 수도 있고 폭탄이 터지면 자칫 목숨을 잃을 수도 있는데 왜 거기에 가세요?"

나이팅게일은 짐짓 의연한 표정을 지으며 말했습니다.

"전쟁 중에는 매일 셀 수 없을 정도로 많은 사람이 부상을 당한단다. 그들은 땅바닥에 누워서 간호도 변변히 받지 못한 채 고통으로 몸부림치고 있어. 나는 그들의 처절한 울부짖음을 외면할 수 없어서 그곳에 지원을 했지. 그곳에 가서 서른 여덟 명의 다른 간호사들과 함께 그 사람들을 위해 봉사할 거야."

가온이는 입술을 지그시 물고 고개를 끄덕였습니다. 어느덧 배는 항구에 도착했습니다. 간호사들은 서둘러 약품과 짐을 챙겨 배에서 내려 병원으로 향했습니다.

"탕탕탕탕!"

저 멀리서 총소리가 들렸습니다.

"가온아, 난 환자들을 돌보러 가야 돼. 넌 이곳에 있을 거니, 아니면 날 따라오겠니?"

"저도 갈래요."

"괜찮겠니? 부상당한 군인들의 모습이 아주 끔찍할 텐데……."

"괜찮아요."

사실 가온이는 겁이 났습니다. 그렇지만 나이팅게일과 함께 그들을 돕고 싶었습니다. 병실은 발 디딜 틈 없이 부상당한 군인으로 가득 차 있었습니다. 매일 새로운 부상병들이 이곳으로 옮겨지고 있었습니다.

"간호사님, 저 좀 도와주세요."

"으악!"

"제발 빨리 치료해 주세요."

"팔이 아파 죽겠어요."

여기저기에서 부상병들의 애원하는 소리와 신음소리가 뒤섞여 들렸습니다. 팔이 하나 잘린 사람, 온몸이 피로 물든 사람, 한쪽 눈이 사라진 사람, 다리에 총알이 박힌 사람 등 참으로 눈 뜨고 보기 힘든 처참한 모습이었습니다.

나이팅게일은 침착하게 한 사람 한 사람 상처 부위를 소독하고 치료한 후 붕대로 동여맸습니다.

가온이는 나이팅게일 옆을 지켰습니다. 부상병들의 끔찍한 모습 때문에 두려움이 몰려와 당장이라도 다른 곳으로 도망치고 싶었습니다. 하지만 문득 김정호의 말이 떠올랐습니다.

'살다 보면 간혹 두려움과 무서움이 널 귀찮게 할 때가 있단다. 그럴 때마다 마음의 창문을 열어 놓도록 해라. 그래야 그것들이 머물지 않고 통과해 멀리 사라질 테니까 말이다.'

가온이는 두려움 대신 봉사라는 고귀한 마음만 생각했

습니다. 그러자 어느새 두려움이 말끔히 사라져 버렸습니다.

　나이팅게일은 숨조차 쉴 틈 없이 바쁘게 움직이며 부상병들을 치료해 주었습니다. 식사도 거르고 몇 시간째 일에만 전념했습니다.

　'저러다가 병이 나면 어떡하지?'

　가온이는 은근히 나이팅게일이 걱정되었습니다. 나이팅게일은 온몸이 온통 땀으로 젖어 있었습니다.

　"원장님, 좀 쉬었다 하세요. 그러다가 쓰러지시겠어요."

　"괜찮아. 내가 쉴 동안 부상병들의 고통은 더 심해질 거야. 빨리

그들을 치료해 주어야 돼."

나이팅게일은 계속해서 부상병들을 치료하고, 간호했습니다.

그날 저녁, 여느 때보다 더 많은 부상병들이 병원에 속속 도착했습니다. 안경을 쓴 간호사가 나이팅게일에게 급히 달려와 말했습니다.

"원장님, 이 일을 어떡하죠? 병실에 환자들이 꽉 차서 더 이상 새로운 부상병을 받을 수 없어요. 계속해서 부상병들이 도착하는데……."

나이팅게일은 깊은 고민에 빠졌습니다.

'어떡하지? 공간은 한정되어 있고, 의료품도 부족하고……."

병실이 꽉 차서 더 이상 부상병을 받을 수도 없고, 그렇다고 고통스러워하는 부상병들을 돌려보낼 수도 없었습니다. 나이팅게일은 고민에 고민을 거듭했습니다. 그러고는 결심이라도 한 듯 입술을 깨물었습니다.

"아까 병원을 둘러보니 비어 있는 창고가 몇 개 있는 것 같더군요. 그곳을 병실로 씁시다. 그래도 병실이 모자라면 우리 간호사들의 숙소를 내어 줍시다."

그러자 다른 간호사가 입술을 삐쭉 내밀며 말했습니다.

"하지만 원장님, 우리도 잠을 자야 하는데 어떻게 우리 숙소까지 내어 줍니까? 그건 좀 곤란합니다."

"지금 우리가 가진 모든 것을 아낌없이 줘야 할 때입니다. 사과 한 개를 가졌을 때 그 하나를 반으로 나눠 필요로 하는 사람에게 줄 수도 있지만, 지금은 우리의 이웃들이 사과 한 개를 전부 원합니다. 여러분들이 이해해 주세요."

나이팅게일은 진심을 담아 다른 간호사들을 설득했습니다. 다행히 그녀들은 고개를 끄덕이며 나이팅게일의 말을 따라 주었습니다.

"원장님, 알겠습니다. 사과 하나를 다 주도록 할게요. 다른 간호사들에게도 창고와 저희 숙소를 병실로 만든다는 사실을 알리겠습니다."

"고마워요."

나이팅게일은 계속해서 부상병을 돌보며 병실을 돌아다녔습니다. 하루 종일 쉬지도 못하고 일을 해서 몹시 피곤하고 지쳐 금방이라도 쓰러질 지경이었습니다. 그러나 나이팅게일은 그럴수록 더더욱 이를 악물었습니다.

"상처를 소독을 하고 붕대로 감았으니까 이제 괜찮아질 거예요.

조금만 참고 견디세요. 곧 고향으로 돌아갈 수 있을 거예요."

"고맙습니다. 원장님의 말씀이 저에겐 어느 약보다도 더 큰 힘이 됩니다."

나이팅게일의 봉사 활동을 바라보며 가온이는 참으로 자신이 부끄러웠습니다. 자신의 욕심 주머니만 가득 채우려고 했던 지난날이 떠올랐기 때문입니다. 잠시 후, 군인 한 명이 나이팅게일에게 다가와 무언가를 건넸습니다.

"나이팅게일 원장님, 편지가 왔습니다."

나이팅게일은 편지를 확인하자마자 아주 기뻐했습니다. 나이팅게일은 잠시 병실에서 나와 가온이와 커다란 나무 밑에 앉았습니다.

"원장님, 어디서 온 거예요?"

"고향에 있는 언니에게서 온 편지야."

나이팅게일은 봉투를 뜯어 편지를 읽기 시작했습니다.

나이팅게일,
어떻게 지내고 있니?
목숨을 걸고 네가 그곳에 간다고 했을 때 심하게 반대했었지.
그러나 이제 생각해 보니 나 자신이 부끄럽구나.
너랑 같이 가서 봉사 활동을 해야 옳은 일인데
가려고 하는 너마저 가지 못하게 했으니…….
너 같은 훌륭한 동생을 둔 것이 난 참 자랑스럽다.
너에게 조그마한 도움이라도 주고 싶어
그동안 모은 돈을 보낸다.
네가 하는 일에 보탬이 되었으면 좋겠구나.
부디 몸 건강하게 잘 있다가 돌아오너라.

어느새 나이팅게일의 눈망울에 눈물이 가득 고였습니다. 그러나 울지 않았습니다. 지금은 눈물보다는 강한 의지와 용기가 필요할 때라는 걸 잘 알기 때문이었습니다.
"원장님, 괜찮으세요?"
"물론이지. 언니가 내가 하는 일에 많이 반대했었는데 이제 날 이해해 주고, 격려까지 해 주니까 너무 기쁘구나."

"원장님이 기뻐하니까 저도 기뻐요. 그런데 그 돈을 어디에다 쓰실 거예요? 여기는 음식점도 없고, 옷 가게도 없고, 제과점도 하나도 없는데……."

나이팅게일은 입가에 미소를 보이며 말했습니다.

"난 이미 이 돈을 어디에 쓸지 결정했어. 이 돈으로 병원 침대와 약품을 사고, 병실에 페인트칠도 할 거야."

그 말에 가온이는 감동을 받았습니다.

"역시 원장님은 다르세요. 하늘에서 내려온 천사 같아요."

나이팅게일은 가온이의 칭찬이 부끄러웠던지 희미한 미소를 지었습니다.

"그런데 원장님 한 가지만 물어봐도 되요?"

"그럼, 뭐든지 물어보렴."

"정말로 밉고 싫은 사람이 도움을 청하면 어떻게 해야 하나요?"

"아무리 밉고 싫다고 해도 도움을 청하면 기꺼이 도와줘야지. 하나님께서 다 도울 수 없을 때는 사람들끼리 서로 도와야 해. 설령 지금 부상당한 적군이 내게 온다고 해도 난 도망가지 않고 그 사람을 도울 거야. 사랑은 전쟁과 미움보다 훨씬 더 위대한 일이니까."

가온이는 고개를 끄덕였습니다. 그리고 앞으로는 남을 도우며 살아야겠다고 마음 속으로 다짐을 했습니다.

"가온아, 이제 그만 병실로 가야겠구나. 조금이라도 시간을 아껴야 해. 그래야 환자 한 명이라도 더 돌볼 수 있으니까 말이야."

나이팅게일은 자리에서 일어났습니다. 그러고는 가온이를 쳐다보며 말을 이었습니다.

"가온아, 일부러 나를 찾아왔는데 내가 많이 챙겨 주지 못하고 좋은 가르침도 주지 못해서 정말 미안하구나."

가온이는 활짝 웃으며 말했습니다.

"아니에요. 전 원장님에게 아주 많은 걸 배웠어요. 그리고 여기에 왔다는 것이 얼마나 기쁜지 몰라요."

"그래? 그렇게 생각해 주니 정말 고맙구나."

나이팅게일은 호주머니에서 편지와 황금열쇠를 꺼냈습니다.

"이 편지와 황금열쇠를 이제야 주인에게 돌려주는구나. 며칠 전부터 난 이것을 받을 사람이 누군지 무척 궁금했단다. 그런데 가온이, 너라는 걸 알고 참 기뻤어. 왜 그런 줄 아니? 넌 눈이 참 맑은 아이거든. 눈이 맑으니까 마음도 착하겠지? 앞으로 나보다는 남을 위해 봉사하는 사람이 되길 바랄게."

어느새 가온이의 뺨에는 한 줄기의 눈물이 흘러내렸습니다. 나이팅게일은 무릎을 꿇고 가온이를 따뜻하게 안아 주었습니다.

"가온아, 다음 여행도 즐겁기를 기도할게."

"저도 늘 원장님이 건강하시도록 기도할게요."

이윽고 가온이 앞에 문 하나가 나타났습니다. 나이팅게일에게 받은 황금열쇠로 조심스럽게 문을 열었습니다. 이번에도 문 사이로 눈과도 같은 하얀 빛이 쏟아졌습니다. 가온이는 문 안으로 걸어갔습니다. 그리고 쪼그려 앉아 나이팅게일의 편지를 읽기 시작했습니다.

네 번째 가르침
하나를 얻으면 반쪽은 남에게 베풀어라

나무 한 그루가 서 있다고 해서 우리는 그걸 숲이라고 부르지 않는단다. 수많은 나무들이 사이좋게 어깨동무하며 서로를 의지한 채 더불어 살아가는 모습을 보고 숲이라고 부르지. 이처럼 숲은 하나가 아니라 여럿이 함께 만드는 거란다.

우리가 사는 세상도 마찬가지야. 한 사람만 잘사는 세상, 한 사람만 행복한 세상, 한 사람만 웃는 세상보다는 더불어 잘사는 세상, 더불어 행복한 세상, 더불어 웃는 세상이 훨씬 더 아름다운 세상이란다.

너는 지금까지 살면서 누군가에게 먼저 손을 내민 적이 있니? 누군가에게 먼저 웃어준 적이 있니? 누군가에게 너의 소중한 것을 아낌없이 준 적이 있니?

지금 너의 이웃과 친구를 돌아보렴. 분명 너보다 더 큰 고민과 슬픔을 간직한 이들이 있을 거야. 그렇다면 망설이지 말고 그들에게 달려가렴. 돈이 없어도 선물이 없어도 괜찮아. 너의 따뜻한 마음을 전하는 것만으로도 충분하단다. 그들과 눈을 마주치고 대화하고 그들의 손을 잡고 함께 웃고 그들의 마음을 따뜻하게 쓰다듬어 주렴. 그게 바로 참된 봉사이며 참된 사랑이란다.

매일 아침 신은 너에게 사과 하나씩을 선물로 준단다. 그 사과를 혼자만 먹지 말고 남을 위해 반쪽을 내어 주렴. 사과 반쪽을 남에게 준다고 해서 그 반쪽이 사라지는 게 아니야. 사랑은 베풀면 베풀수록 더 큰 사랑으로 돌아온단다.

내 이익보다는 남을 위해 사는 삶, 그런 삶이 아름답고 행복하단다. 너도 그런 삶을 살기 바란다.

1820년	영국의 부유한 가정에서 태어남.
1847년 27세	독일의 카이저스베르트 병원에서 공부를 함.
1850년 30세	정식으로 간호사가 되기 위해 병원에서 간호학을 배움.
1854년 34세	이스탄불의 위스퀴다르 야전병원장이 되어 전쟁 중 부상당한 군인들을 치료함.
1859년 39세	세계 최초의 간호학교인 '나이팅게일 간호학교'를 세움.
1863년 43세	나이팅게일의 헌신적인 봉사는 뒤낭에게 영향을 미쳐 '국제적십자'를 창설하게 만듦.
1910년 90세	건강 악화로 세상을 떠남.

가온이는 나이팅게일의 편지를 읽으면서 몇 번이고 귀를 만지작거렸습니다. 귓가에 아직도 총소리와 부상당한 군인들의 신음소리가 들리는 듯 했습니다.

'지금 이 순간에도 어딘가에서 전쟁으로 고통받는 사람들이 있겠지? 왜 어른들은 전쟁을 하는 걸까?'

가온이는 마음속으로 한 가지 다짐을 했습니다.

'그래, 친구들과 싸우지 않을 거야. 서로 사랑하고, 이해하고, 양보하면 싸움이 이 세상에서 없어질 거야.'

그나저나 여기는 또 어디일까, 가온이는 벌써부터 궁금해졌습니다. 저 멀리서 기차가 우렁찬 기적 소리를 내며 기차역으로 들어왔습니다. 기차에서 내리는 사람과 기차를 타려는 사람으로 뒤섞여

순식간에 복잡해졌습니다. 가온이는 사람들의 생김새와 옷차림 그리고 기차 모양을 유심히 살펴보았습니다. 서양 사람도 있고, 더러 동양 사람도 있었습니다. 기차는 많이 낡아 보였습니다.

'아무리 봐도 도무지 모르겠네. 여기는 어디일까?'

그런데 아주 결정적인 단서가 하나 가온이의 눈에 들어왔습니다. 그건 바로 기차역의 간판이었습니다. 가온이는 기차역의 이름을 한 자 한 자 읽었습니다.

"하……얼……빈."

어디선가 많이 들어 본 기차역이었습니다.

'어디서 들었더라? 분명 들은 것 같은데…….'

가온이는 양 손가락으로 관자놀이를 누르며 기억해 내려고 애썼습니다.

"하얼빈, 하얼빈, 하얼빈, 하얼빈……."

수십 차례 하얼빈을 곱씹었습니다. 뭔가가 서서히 떠오를 것만 같았습니다. 잠시 후 가온이는 손바닥을 부딪쳤습니다.

"그래, 맞다! 하얼빈 역! 생각났어! 드디어 생각났어! 안중근 의사야!"

가온이는 자신의 기억 창고에서 하얼빈 역과 안중근 의사를 끄집어 냈습니다.

"그럼 이곳에서 안중근 의사를 만나게 될까?"

가온이는 이제 두려움보다는 설렘과 기쁨이 더했습니다.

그런데 그때였습니다. 누군가가 가온이에게 다가와 어깨를 톡톡 두드렸습니다.

"혹시 안……중……근 아저씨인가요?"

"그래, 내가 안중근이다. 네가 가온이지?"

"예. 제가 가온이에요."

"어서 나를 따라오거라. 조금 안전한 곳으로 가자."

안중근은 사람들 사이를 뚫고 바람처럼 빠르게 걸어갔습니다. 인사를 건넬 겨를도 없이 가온이도 안중근의 뒤를 따라갔습니다.

"됐다. 여기가 좀 안전하겠구나."

안중근은 역에서 조금 떨어진 곳에서 멈췄습니다.

"내가 중요한 일을 하고 있는 중이라서 너와 제대로 인사도 못했구나. 반갑다, 가온아."

안중근은 손을 가온이에게 내밀며 악수를 청했습니다. 그는 납작한 모자를 쓴 채 콧수염을 기르고 있었습니다.

"예. 저도 반갑습니다. 아저씨."

가온이는 안중근의 손을 맞잡고, 반갑게 인사를 했습니다.

"그런데 지금 여기는 정확히 어디죠? 그리고 아저씨께서 수행한다는 일이 도대체 뭐죠?"

가온이는 주위를 의식하지 않고 큰소리로 물었습니다. 그러자 안중근은 검지를 입술에 갖다 대며 말했습니다.

"쉿! 가온아, 큰소리로 말하지 마라. 누가 들으면 우리의 계획이 모두 수포로 돌아간다."

순간, 가온이도 긴장해서 조심스레 주위를 둘러보았습니다. 안중근은 주위를 살피며 나지막한 소리를 말했습니다.

"가온아, 잘 들어라. 여기는 만주의 하얼빈 역이다. 그리고 오늘은 1909년 10월 26일이지."

'1905년 을사조약이 체결되었으니까 지금이 1909년이면 나라를 빼앗긴 지 벌써 4년이나 지났잖아.'

가온이는 안중근의 말을 들으며 속으로 어떻게 생각했습니다. 이런 역사적 사실을 알고 있는 자신이 무척 똑똑하게 생각되어 왠지 뿌듯해졌습니다.

"나는 동지들과 함께 조국의 독립을 위해 애를 쓰고 있단다."

"근데 아저씨가 하시는 중요한 일은 뭐예요?"

가온이의 질문에 안중근의 눈빛이 반짝 빛났습니다.

"바로 오늘 있을 일이지."

"오늘 있을 일이요?"

"그래. 오늘은 바로 우리나라를 꿀꺽 삼킨 일본의 우두머리 이토 히로부미를 없애는 날이다."

안중근의 말을 듣는 순간, 가온이는 너무나 놀란 나머지 입을 다물 수 없었습니다.

"가온아, 지금부터 아주 조심해야 한다. 알았지?"
"예. 조심할게요."
안중근의 긴장감이 가온이에게도 전해졌습니다.
"그런데 이토 히로부미는 왜 하얼빈 역에 오는 거예요?"
"그건 러시아 재무상 코코프체프와 만나기 위해서란다. 이토 히로부미가 탄 기차가 이제 곧 도착할 때가 되었구나. 반드시 이토 히로부미를 저격하여 우리나라의 독립을 앞당길 거다."
"왜 아저씨께서 이 일을 하시는 거죠? 잘못하면 죽을 수도 있잖아요."
"그건 조국을 사랑하기 때문이야. 조국이 없다면 가족도 없고 친구도 없고 나도 없단다. 조국을 다시 되찾을 수 있다면 난 기꺼이 목숨을 내놓을 거다. 너도 자신만 생각하지 말고, 보다 큰 생각을 하도록 해라."
안중근의 뜨거운 애국심이 하늘을 찌를 듯 했습니다.
가온이는 용감한 안중근이 너무나도 자랑스러웠습니다.
"아저씨, 반드시 성공할 거예요!"
"그래, 그래야지."
그때 '척척척' 군인들의 군화 소리가 들려왔습니다.

"아저씨, 이게 무슨 소리예요?"

"이토 히로부미가 도착할 때가 임박한 모양이다. 러시아 헌병들과 일본 군인들이 그를 경호하기 위해 몰려들고 있어."

순식간에 하얼빈 역 광장에는 헌병과 군인들로 가득 찼습니다. 안중근은 시계를 보았습니다. 시계 바늘은 9시를 가리키고 있었습니다. 저 멀리서 기차 한대가 '칙칙폭폭' 기적 소리를 내며 기차역으로 들어오고 있었습니다.

"가온아, 이제 나는 가겠다!"

안중근은 결의에 찬 얼굴로 주먹을 불끈 쥐었습니다.

"아저씨, 꼭 성공하세요. 제가 이렇게 빌게요."

가온이는 두 손을 모아 기도했습니다.

이윽고 이토 히로부미가 도착했습니다. 이토 히로부미가 기차에서 내리자 그를 환영하는 축포가 '펑펑펑' 터졌습니다. 장중한 군악대의 연주가 하얼빈 역에 울려 퍼졌습니다.

이토 히로부미는 손을 흔들며 열렬한 환영에 대한 감사 인사를 했습니다. 안중근은 사람들을 헤집고 이토 히로부미가 있는 곳을 향해 빠르게 발길을 옮겼습니다.

그때였습니다. 러시아 헌병과 일본 군인이 안중근을 가로막았습니다.

"더 이상의 접근은 안 됩니다."

"당신들, 네가 누군지 모르오?"

"당신이 누구요?"

"난 일본 신문 기자요. 그러니 취재를 위해 좀 더 앞으로 가야겠소. 어서 길을 여시오."

"정말 일본 신문 기자 맞소?"

안중근은 당황하지 않고 오히려 더 큰소리로 말했습니다.

"지금 당신들과 이렇게 낭비할 시간이 없소. 어서 취재를 해서 기사를 써야 한단 말이오. 빨리 길을 여시오."

안중근의 당당함에 러시아 헌병과 일본 군인들은 더 이상 의심하지 않고, 길을 열어 주었습니다.

"좋소. 어서 들어가시오."

"고맙소."

천만다행이었습니다. 안중근의 대담한 용기와 재치가 철통 같은 경비를 뚫을 수 있었습니다. 안중근은 이마에 맺힌 땀방울을 소매로 닦았습니다. 그리고 손을 뻗어 가슴에 숨겨 놓은 권총을 확인했습니다.

그 모습을 멀찍이 서서 지켜보던 가온이는 안절부절못했습니다. 너무나 긴장한 탓인지 오줌이 주르르 나올 것만 같았습니다. 가온이는 온몸에 힘을 주며 떨리는 마음을 진정시켰습니다.

안중근은 한 걸음씩 조심조심 이토 히로부미 앞으로 다가갔습니다. 그 둘의 거리는 점점 좁혀졌습니다. 안중근 바로 눈앞에 이토 히로부미가 있었습니다. 안중근은 잽싸게 손을 가슴에 넣어 권총을 꺼냈습니다. 그리고 이토 히로부미의 가슴을 향해 힘껏 방아쇠를 잡아당겼습니다.

"탕! 탕! 탕!"

하얼빈 역에 천둥 같은 세 발의 총소리가 울려 퍼졌습니다. 이토 히로부미는 왼쪽 가슴을 손으로 움켜쥐며 앞으로 쓰러졌습니다. 안중근은 남은 총알로 일본 관리들을 연달아 쏘았습니다.

"탕! 탕! 탕! 탕!"

순식간에 하얼빈 역은 총소리와 비명으로 난장판이 되었습니다. 안중근은 다 쏜 권총을 바닥에 버린 후, 가슴에 품고 있던 태극기를 꺼내 목청이 터져라 외쳤습니다.

"대한 독립 만세! 대한 독립 만세! 일본은 우리나라 땅에서 물러가라! 대한 독립 만세! 대한 독립 만세!"

결국 이토 히로부미는 목숨을 잃었습니다. 그리고 안중근은 그 자리에서 러시아 헌병에게 잡히고 말았습니다. 러시아 헌병은 안중근을 끌고 재빠르게 하얼빈 역을 벗어났습니다.

"으악! 차라리 나를 지금 당장 죽이시오."

뤼순 감옥에 갇히게 된 안중근은 하루도 빠지지 않고 잔인한 고문을 받았습니다.

"난 민족의 자주 독립을 위해 이토 히로부미를 처단했소. 내 선택을 결코 후회하지 않소."

안중근은 일본 군인들의 고문에도 굴하지 않고 감옥에서도 계속해서 우리나라의 독립을 큰소리로 외쳤습니다.

"대한 독립 만세! 대한 독립 만세!"

"이놈이 아직도 정신을 못 차렸군! 더 뜨거운 맛을 보여 주마!"

일본 군인들은 더더욱 악랄하게 고문을 했습니다.

"으악! 으악!"

"칡처럼 아주 질긴 놈이군! 독방에 쳐 넣어!"

모진 고문에 시달리던 안중근은 독방으로 옮겨졌습니다.

"아저씨, 괜찮으세요? 아저씨, 눈 좀 떠 보세요."

가온이는 안중근을 흔들었습니다.

"아저씨, 제발 눈 좀 떠 보세요. 제발요."

안중근은 가까스로 눈을 떴습니다. 그리고 애써 미소를 지으며 말했습니다.

"가온아, 난 괜찮다. 이 정도의 고통쯤은 각오했단다. 내 희생으로 조국이 독립을 맞이할 수 있다면 이 고통은 달게 받을 거다."

가온이는 아무 말도 할 수 없었습니다. 고통스러운 순간에도 오직 조국의 독립만을 생각하는 안중근의 마음이 너무나도 감동스러웠습니다.

잠시 후, 안중근은 담담한 목소리로 말했습니다.

"나는 곧 일본 군인에 의해 죽게 되겠지."

안중근의 말을 듣는 순간, 가온이는 가슴이 너무나 아팠습니다. 가온이는 울먹이는 목소리로 말했습니다.

"정말요? 그럼 안 돼요. 아저씨, 죽지 마세요."

"괜찮다. 난 아무렇지도 않다. 다만 조국의 독립을 내 눈으로 보지 못하고 죽는 것이 아쉬울 뿐이다."

"아저씨, 분명 독립이 될 거예요. 반드시요."

"그래, 그래야지!"

안중근은 두 눈을 지그시 감았습니다. 입가에 행복한 미소를 서서히 번졌습니다. 조국의 독립이 찾아와 국민 모두가 길거리에 나와 태극기를 흔드는 모습을 상상했던 모양입니다.

"가온아, 이제 더 이상 널 이 감옥에 가둬 놓을 수가 없구나. 이곳에 있는 사람은 나 한 사람으로 족하다. 넌 어서 이 무시무시한 곳에서 벗어나도록 해라."

"감옥에 아저씨 혼자 두고 어떻게 제가 갈 수 있어요. 전 절대 못 가요."

가온이는 눈시울이 붉어졌습니다.

"가온아, 너와 내가 떨어져 있다 해도 내가 널 생각하고 또 네가 날 생각한다면 그건 떨어져 있는 게 아니라 같이 있는 거란다. 종종 너의 마음속으로 찾아갈 테니까 그때 보자꾸나."

안중근은 가온이의 머리를 쓰다듬어 주었습니다. 그리고 책 속에 끼어 있던 종이 한 장과 황금열쇠를 꺼냈습니다.

"자, 가온아. 이것을 받아라. 하얼빈 역에서 이토 히로부미를 기다리며 잠깐 짬을 내서 쓴 편지다. 너에게 도움이 되었으면 좋겠구나."

"아저씨, 고마워요. 정말로 고마워요."

가온이는 끝내 참았던 눈물을 쏟고 말았습니다.

"아저씨, 제 마음의 문을 열어 놓고 있을 테니까 자주 놀러 오세요. 아셨죠?"

"그래. 가온아, 어서 가거라."

안중근은 자신의 눈물을 차마 가온이에게 보일 수 없었던지 등을 돌리고 말았습니다. 가온이는 안중근의 뒷모습을 향해 허리를 깊숙이 숙여 다시 인사를 했습니다. 그 순간 가온이의 몸이 허공으로 둥둥둥 떠올랐습니다. 마치 자유롭게 날아가는 새 한 마리가 구름 속에 파묻히듯.

가온이는 턱 끝을 세우고 두 팔을 벌렸습니다. 점점 더 높이 올라갔습니다. 잠시 후 가온이 앞에 문 하나가 생겨났습니다.

가온이는 황금열쇠로 문을 열고 그 안으로 들어갔습니다. 문 안쪽은 백조의 날개처럼 하얀 빛으로 가득했습니다. 그 하얀 빛을 맞으며 가온이는 천천히 편지를 읽기 시작했습니다.

다섯 번째 가르침
내가 살고 있는 이 땅, 이 하늘, 이 바다를 사랑하라.

　일찍이 우리나라는 아주 많은 외침을 받았지만 외적에 맞서 당당히 싸워 이 땅, 이 하늘, 이 바다를 지켜 왔단다. 이처럼 나라를 위해 목숨을 바친 수많은 애국자들이 있었기에 지금 너는 당당한 우리나라의 국민이 될 수 있는 것이지.

　눈을 크게 뜨고 보렴. 만주벌판에 우뚝 서서 대륙을 호령하는 광개토대왕의 힘찬 기상이 보이지 않니? 귀를 세워 들어 보렴. 저 넓은 바다를 향해 힘차게 노를 젓는 장보고의 야망이 들리지 않니?

　늘 우리나라를 자랑스럽게 생각해라. 또한 조상들이 피땀 흘려 지켜 온 이 나라를 잘 보존하고 세계에서 가장 멋진 나라로 키우도록 해라. 그래야 조상들의 피와 땀이 헛되이 되지 않을 테니까 말이야.

　나라를 사랑하는 마음, 즉 애국심은 거창하고 어려운 게 아니야. 애국은 아주 작은 것으로부터 시작된단다. 신호등을 잘 지키는 것, 거리나 공원에 떨어진 휴지를 줍는 것, 친구들과의 약속을 지키는 것, 부모님 말씀 잘 듣는 것, 학교에서 공부 열심히 하는 것, 우리나라 선수들이 경기할 때 열심히 응원하는 것 그게 바로 애국이란다.

그리고 누구나 다 우리나라를 빛내는 훌륭한 사람이 될 수 있다는 걸 잊지 말거라. 그런 사람이 되기 위해선 일단 자신감이 있어야 한단다. 키가 작다고, 가난하다고, 친구들에게 따돌림을 당한다고, 공부를 좀 못한다고 기죽을 필요는 없어. 그 모든 것들을 극복하려는 강한 자신감과 의지가 있다면 힘들었던 그 시절이 오히려 약이 되고 큰 도움이 될 거야. 희망을 갖고 앞으로 달려가거라.

1879년	황해도 해주에서 태어남.
1905년 27세	일제가 강제로 을사조약을 체결하자 분노를 느끼고 독립운동을 하기로 마음을 먹고 중국 상해로 떠남.
1906년 28세	돈의학교, 삼흥학교 설립하여 인재 양성에 힘씀.
1907년 29세	블라디보스토크로 가서 의병 활동을 함. 대한의군 참모중장, 특파독립대 장으로 활동함.
1909년 31세	10월 26일, 하얼빈 역에서 조선 통감인 이토 히로부미 살해하고 감옥에 수감됨.
1910년 32세	사형 판결을 받고 3월 26일 10시에 뤼순 일본 감옥에서 생을 마침.

숲을 이루는 웅장한
나무가 될 테야

안중근의 편지를 읽는 내내, 가온이는 눈물을 멈출 수 없었습니다. 일본 군인들의 잔혹한 고문으로 고통스러워하는 안중근의 모습에 안타까움이 밀려들었습니다. 눈물에 젖은 편지지의 글씨가 서서히 번지기 시작했습니다.

"아저씨, 천국으로 편히 가세요."

가온이는 죽음을 앞두고도 나라의 독립만을 걱정하던 안중근의 모습을 떠올리며 소매로 눈물을 닦아 냈습니다. 그리고 제자리에 쪼그려 앉았습니다. 너무나 많이 울었던 탓일까, 머리가 아파왔습니다.

한참을 쉰 후, 어느 정도 안정을 되찾자 가온이는 자리에서 일어나 편지와 황금열쇠를 호주머니에 넣었습니다.

'이번에는 또 어느 곳에 와 있을까?'

가온이는 거북이처럼 목을 슬그머니 빼어 조심스럽게 주위를 두리번거렸습니다. 그런데 왠지 낯설지 않고 익숙한 장소 같았습니다. 가온이는 고개를 빠르게 이리저리 돌리며 둘러보았습니다. 책상, 침대, 자신이 벗어둔 가방까지 가온이의 눈에 들어왔습니다.

"와! 내 방이잖아. 그래, 분명 여기는 내 방이야!"

가온이는 주먹을 쥐어 허공을 찌르며 무척 기뻐했습니다. 그리고 소리쳤습니다.

"내가 돌아왔다! 드디어 내가 집으로 돌아왔다! 김가온이 집으로 돌아왔단 말이야!"

기쁨과 환희로 부푼 가슴은 쉽게 가라앉지 않았습니다. 어쩔 줄 몰라 제자리에서 방방 뛰었습니다.

"정말 멋진 여행이었어."

가온이는 누군가에게 이 모든 사실을 자랑하고 싶었습니다. 하지만 아무도 자신의 여행을 믿지 않을 것 같았습니다. 대신 가온이는 창가로 가 창문을 활짝 열었습니다. 구름 하나 없이 참으로 맑은 하늘이었습니다. 가온이는 하늘을 바라보며 두 손을 입에 갖다 대고 크게 외쳤습니다.

"할아버지, 가온이가 해냈어요! 무사히 여행을 마치고 돌아왔어요!"

하늘은 바람 한 점 없이 고요할 뿐 아무 대답도 들리지 않았습니다. 그러나 가온이는 서운하지 않았습니다. 대답은 없었지만 분명 하늘나라에서 자신의 모습을 할아버지가 흐뭇한 얼굴로 지켜보고 있다는 걸 잘 알기 때문이었습니다.

'가온아, 장하다. 네가 해낼 줄 알았어. 앞으로는 위대한 위인들의 말씀대로 씩씩하고 멋지게 살도록 하거라.'

할아버지의 목소리가 자신의 마음속에서 들리는 것 같았습니다.

"예, 할아버지. 편지를 읽고 그대로 실천하며 살게요."

가온이는 그동안 만났던 인물에게 받은 편지와 황금열쇠를 잘 보관하려고 호주머니 안에 손을 집어넣었습니다. 그런데 왠지 호주머니 안이 썰렁했습니다. 아무 것도 잡히지 않았습니다.

"어? 이상하다. 분명 여기에 있을 텐데……."

다시 손으로 호주머니 구석구석을 휘저으며 편지와 황금열쇠를 찾았습니다. 하지만 아무것도 없었습니다.

"정말로 희한하네."

혼잣말로 중얼거리며 호주머니를 뒤집었지만, 호주머니는 텅 비어 있었습니다.

"어떻게 된 거지? 도중에 빠졌나? 아니야. 그럴 리 없어. 잘 넣어 두었는데……. 도대체 어디로 사라진 거지?"

가온이는 어깨를 축 늘어뜨리고 침대 모서리에 앉았습니다. 편지를 가까이에 두고 계속 읽으면서 위인과의 만남을 기억하고, 그들의 가르침대로 살아가려고 했는데 편지가 사라졌으니 참으로 난감했습니다.

'어떡하지?'

가온이는 답답한 마음에 한숨을 내쉬었습니다. 침대에 머리를 대고 엎어져 누웠습니다. 그런데 갑자기 온몸에서 힘이 쭈욱 빠져나가는 느낌이 들었습니다.
"갑자기 피곤하네."
가온이는 눈꺼풀이 무거운 바위처럼 무겁게 느껴졌습니다. 그러더니 이내 눈을 감고 말았습니다.

깊이 잠이 든 것입니다.

"뻐꾹, 뻐꾹, 뻐꾹, 뻐꾹."

뻐꾸기시계가 4시를 알렸습니다. 뻐꾸기 소리에 잠이 깬 가온이는 몸을 뒤척거렸습니다. 그리고 눈가에 힘을 주며 가까스로 눈을 떴습니다. 눈을 뜨는 순간, 신기하게도 하늘을 날아갈 듯 몸이 가뿐해졌습니다.

"우아, 잘 잤다!"

가온이의 두 팔을 위로 뻗으며 길게 기지개를 폈습니다.

"아, 배고프다."

가온이는 갑자기 허기짐을 느끼고 배를 손바닥으로 문지르며 침대에서 내려왔습니다.

그때 엄마가 방문을 열고 들어왔습니다.

"이제야 일어났니? 하루 종일 밥도 안 먹고 잠만 자더니……. 어서 세수하고 밥 먹어라. 벌써 네 시가 넘었어."

가온이는 입술을 내밀며 머리를 긁적거렸습니다.

"알았어. 곧 갈게."

"그래, 어서 나와."

엄마는 문 밖으로 나가려다가 방바닥에 떨어진 종이들을 발견했습니다.

"가온아, 이 편지지는 뭐니? 주워서 가지런히 정리를 해 놔."

가온이는 고개를 숙여 편지지를 쳐다보았습니다.

"처음 보는 편지지인데?"

"무슨 소리야? 네 방에 있는 건데. 어서 정리하고 내려와."

엄마가 방을 나가자 가온이는 바닥에 떨어진 편지지를 다시 살펴보았습니다. 그때 머릿속에서 뭔가가 빠르게 스쳐 지나갔습니다.

"그래! 편지와 황금열쇠!"

가온이는 주운 편지지를 들어 이리저리 살펴보았습니다. 분명히 아무런 글씨가 적혀 있지 않았습니다. 그러나 가온이의 눈에는 편지지에 적힌 글씨가 보였습니다.

"그래, 이건 꿈이 아니야. 바로 현실이야."

가온이는 자기가 만났던 위대한 인물들을 떠올리며 그들의 가르침을 하나, 하나 소리 내어 읽었습니다.

하나. 이순신
🗝 마음먹기에 따라 너의 미래가 달라진다
둘. 에디슨
🗝 끊임없이 호기심을 가지고 창조적으로 생각하라
셋. 김정호
🗝 꿈을 가지고 끝까지 노력하라
넷. 나이팅게일
🗝 하나를 얻으면 반쪽은 남에게 베풀어라
다섯. 안중근
🗝 내가 살고 있는 이 땅, 이 하늘, 이 바다를 사랑하라

가온이는 너무나 기쁘고 행복했습니다. 마치 엄마 뱃속에서 다시 태어난 느낌이었습니다.

"그래, 이제 난 달라질 거야. 지금은 겁쟁이, 난쟁이지만 그래도 괜찮아. 난 씨앗이니까. 나중에 누구보다도 더 큰 숲을 이루는 웅장한 나무가 될 테니까."

가온이는 뻐꾸기시계를 바라보았습니다. 그리고 미소를 지으며 부드럽게 말했습니다.

"시간아, 빨리 흘러라. 그래서 당장 월요일을 만들어 줘. 나 학교에 가고 싶단 말이야!"

가온이는 아무 것도 적혀 있지 않는 편지지를 들고 가벼운 발걸음으로 방을 나섰습니다. 마치 구름 위를 걸어가는 듯 무척 설렜습니다.